数控经济学

（非货币经济学）

敖向东◎著

NUMERICAL
CONTROL
ECONOMICS

(NON MONETARY ECONOMICS)

经济日报出版社

图书在版编目（CIP）数据

数控经济学／敖向东著. -- 北京：经济日报出版社，2018.8

ISBN 978-7-5196-0393-9

Ⅰ. ①数… Ⅱ. ①敖… Ⅲ. ①网络经济-研究 Ⅳ. ①F49

中国版本图书馆 CIP 数据核字（2018）第 141413 号

数控经济学

编　　著	敖向东
责任编辑	杨　皞
出版发行	经济日报出版社
社　　址	北京市西城区白纸坊东街 2 号 A 座综合楼 710
邮政编码	100054
电　　话	010-63567683（编辑部）
	010-63538621　63567692（发行部）
网　　址	www.edpbook.com.cn
E-mail	edpbook@sina.com
经　　销	全国新华书店
印　　刷	北京鑫瑞兴印刷有限公司
开　　本	710×1000 毫米　1/16
印　　张	15.25
字　　数	228 千字
版　　次	2018 年 8 月第一版
印　　次	2018 年 8 月第一次印刷
书　　号	ISBN 978-7-5196-0393-9
定　　价	46.00 元

数控经济展宏图！

目　录

第一章　资源成本核算原理 …… 1

第一节　货币购买成本核算体系 …… 2

一、货币购买成本核算体系的定义 …… 2

二、货币购买成本核算体系的特点 …… 3

三、货币价格成本核算体系的弊病 …… 3

第二节　资源成本核算体系 …… 4

一、资源成本核算体系的定义 …… 4

二、资源成本核算的基本概念 …… 5

三、国产产品的资源成本核算的基本方法 …… 13

四、产品资源成本的分类 …… 14

五、进口产品的资源成本核算 …… 15

六、影响产品资源成本的主要因素 …… 17

七、资源成本核算体系的优越性 …… 18

八、产品资源成本核算程序 …… 18

第三节　资源成本核算原理的重要应用 …… 19

一、资源成本最小化原则 …… 19

二、资源成本核算是产品需求强度评估的重要基础 …… 20

三、进出口贸易 …… 20

第二章　消费金付酬原理 …… 21

第一节　货币劳动报酬支付体系之弊病 …… 22

一、货币概论 …… 22

二、货币的伟大历史功绩 …… 27

三、货币劳动报酬支付体系的弊病 …………………………… 27
四、货币的消亡 ………………………………………………… 29
第二节 劳动贡献评价体系 ………………………………… 30
一、现有劳动贡献评价体系存在的问题 ……………………… 30
二、科学、公正的劳动贡献评价体系 ………………………… 31
第三节 消费金劳动报酬支付体系 ………………………… 34
一、消费金的基本概念 ………………………………………… 34
二、消费金劳动报酬支付体系的优越性 ……………………… 37

第三章 价格平衡原理 ……………………………………… 41
第一节 个人高级生活消费品的供求平衡的基本概念 ……… 42
一、个人高级生活消费品的“供给”与“需求”的基本概念 …… 42
二、高级生活消费品供求平衡的判断方法 …………………… 44
第二节 个人高级生活消费品供求平衡的具体调控 ………… 45
一、高级生活消费品的分类 …………………………………… 46
二、连续供给高级消费品的供求平衡调控 …………………… 47
三、非连续供给高级消费品的供求平衡调控 ………………… 48
第三节 高级生活消费品的价格 …………………………… 49
一、高级生活消费品的价格分类 ……………………………… 49
二、高级生活消费品的价格功能 ……………………………… 51

第四章 产品需求强度评估原理 …………………………… 53
第一节 产品需求强度的科学评价方法 …………………… 55
一、封闭社会的产品需求强度评估方法 ……………………… 55
二、开放社会的产品需求强度评估方法 ……………………… 57
第二节 产品需求强度是产能增减与进出口供给规划的依据 ……… 62
一、数控经济的相关知识说明 ………………………………… 62
二、产能增减规划与产品需求强度的均衡 …………………… 64
三、产品需求强度是未来新产品（拟研发新产品）的资源投入
规划的依据 ……………………………………………… 67

第三节 产品需求强度评估体系的构建 …… 68
一、专业化的产品需求强度评估标准、方法与法规的制订机构 …… 69
二、产品性能考核、鉴定、评价机构 …… 69
三、产品信息公平发布机构 …… 69
四、独立的产品资源成本核算机构 …… 69
五、独立的产品需求强度评估机构 …… 70
六、产品需求强度评估监督机构 …… 70
七、产品需求强度评估纠纷仲裁机构 …… 70
第四节 产品需求强度对进出口贸易的调节 …… 70
一、进出口贸易的重要性 …… 71
二、国产产品的国内外供给量的分配 …… 72
三、进、出口外汇收支不平衡的调节 …… 74
四、短缺和剩余的分类 …… 75

第五章 全面规划导向原理 …… 77
第一节 规划的概论 …… 78
一、规划的分类 …… 78
二、全面发展规划的主要任务 …… 79
三、现代社会规划存在的主要问题 …… 79
第二节 全面规划的必要性与可行性 …… 80
一、全面规划的必要性 …… 80
二、全面规划的可行性 …… 82
第三节 全面规划的编制依据与规则 …… 82
一、产品需求强度是最终产品的产能增减及增减幅度的规划依据 …… 82
二、资源成本最小化原则是确定未来最终产品产能增加新项目的规划内容的依据 …… 83
三、制订生产品（中间产品）新项目规划的规划依据 …… 83
四、国家经济发展速度的规划调控 …… 84
五、全面发展规划编制的基本原则 …… 90
第四节 全面发展规划的编制程序 …… 91

一、产品发展规划的编制程序 …………………………………… 91
二、新产品开发——老产品淘汰的规划编制程序 ………………… 93
三、规划编制举例——人类住房发展规划的编制 ………………… 94

第六章　生产方案指标承包竞争考核原理 ………………………………… 97
第一节　考核激励机制概述 ……………………………………………… 98
一、现有竞争考核激励机制的分类 ……………………………… 98
二、现有激励机制的缺陷 ………………………………………… 99
三、国有制经济的竞争考核激励机制的设计要点 ……………… 102
第二节　生产方案指标承包竞争考核激励的运行程序 ……………… 104
一、生产方案指标承包竞争考核激励的程序图 ………………… 104
二、生产方案指标承包竞争考核激励程序图的相关说明 ……… 105

第七章　公正评价原理 ……………………………………………………… 111
第一节　现有社会考核评价体系存在的主要问题 …………………… 112
一、评价标准存在的问题 ………………………………………… 112
二、现代评价机制存在的主要问题 ……………………………… 114
第二节　公正评价体系的要点和原则 ………………………………… 115
一、独立、民主、专业的评价机构 ……………………………… 115
二、科学公正的考核评价原则 …………………………………… 116
第三节　评价对象的相关说明 ………………………………………… 119
一、对人的工作能力、工作业绩、社会贡献的考核评价 ……… 119
二、要对每个产品的性能质量和实际效果进行客观公正的评价 …… 119

第八章　生产方案平衡匹配原理 ………………………………………… 121
第一节　生产方案平衡匹配的必要性和可行性 ……………………… 123
一、生产方案平衡匹配的定义 …………………………………… 123
二、生产方案平衡匹配的必要性 ………………………………… 124
三、生产方案平衡匹配的可行性 ………………………………… 125
第二节　生产方案平衡匹配测试系统 ………………………………… 127

一、生产方案平衡匹配测试系统的定义 …… 127
二、生产方案平衡匹配测试系统的主要功能 …… 129
第三节 平衡匹配的方法和步骤 …… 130
一、封闭社会环境下生产品供求不平衡时的应对方法 …… 130
二、开放社会环境下生产品供求不平衡时的应对方法 …… 132
三、生产品供求不匹配时的应对方法 …… 132
四、生产方案平衡匹配的三个关键平衡步骤 …… 133
五、国家生产方案总平衡的方程式 …… 135

第九章 标准化和信息化原理 …… 137
第一节 产品标准化 …… 138
一、产品标准化的基本特征 …… 138
二、产品标准化的必要性 …… 139
三、产品标准化的可行性 …… 140
第二节 社会信息化 …… 141
一、社会信息化的基本特征 …… 141
二、社会信息化的可行性 …… 142
三、社会信息化的必要性 …… 143

第十章 按需分配基础上的按劳分配原理 …… 145
第一节 按需分配与按劳分配的基本概念 …… 146
一、基本需求按需分配的基本概念 …… 146
二、高级需求按劳分配的概念 …… 150
第二节 基本需求按需分配的必要性和可行性 …… 151
一、基本需求按需分配的必要性 …… 151
二、基本需求按需分配的可行性 …… 153
第三节 高级需求按劳分配的必要性和可行性 …… 155
一、高级需求按劳分配的必要性 …… 155
二、高级需求按劳分配的可行性 …… 156
三、按劳分配标准的调节依据和方式 …… 157

第四节　全面社会保障制度 …… 158
一、什么是全面社会保障制度 …… 158
二、全面社会保障制度的优越性 …… 159
第五节　现代社会分配制度存在的问题 …… 159
一、按资分配制度的问题 …… 160
二、绝对按劳分配制度的问题 …… 161

第十一章　预订与租赁消费原理 …… 165
第一节　预订与租赁消费的必要性 …… 166
一、预订与租赁式消费的概念 …… 166
二、随意与买断式消费的缺陷 …… 169
三、租赁与预订式消费的优点 …… 170
第二节　预订与租赁消费的可行性 …… 175
一、预订消费的可行性 …… 175
二、租赁式消费的可行性 …… 175
第三节　全国统一的预订与租赁体系的组成 …… 176
一、方便、快捷、权威、公平的生活消费产品信息发布、查询、预订与租赁消费系统 …… 176
二、生活消费产品实物展示、体验中心 …… 176
三、物品快速上门传送系统与上门消费服务系统 …… 176
四、专业化的耐用消费品清洁、维修、保养、使用培训服务系统 …… 176
五、独立的预订与租赁消费服务监督、考核系统 …… 177
六、完善的预订与租赁消费立法（标准制订）、消费纠纷仲裁系统 …… 177
第四节　国有制经济社会的生活消费方式的素描 …… 177
一、生活消费金 …… 177
二、衣 …… 178
三、食 …… 180
四、住 …… 181
五、行 …… 182

六、乐 …………………………………………………………………… 183
七、医疗保健 …………………………………………………………… 183
八、教育 ………………………………………………………………… 188
九、竞技体育 …………………………………………………………… 189
十、文学艺术 …………………………………………………………… 190
十一、影视文学 ………………………………………………………… 191

第十二章　理论科技研究充分就业原理 …………………………… 193
第一节　理论科技研究工作的特点 ……………………………………… 194
一、理论科技研究工作的定义 ………………………………………… 194
二、理论科研工作的重要性 …………………………………………… 195
三、理论科研工作的紧迫性 …………………………………………… 196
四、理论科研工作岗位的无限性 ……………………………………… 198
五、理论科研工作的包容性强 ………………………………………… 199
第二节　理论科研充分就业原理的可行性 ……………………………… 200
一、机器取代人类机械性工作岗位是不可逆转的历史趋势 ………… 200
二、理论科研领域是人类就业工作岗位的资源库，可为社会提供无穷的工作岗位 …………………………………………………… 201
三、消费金付酬法为人类劳动提供了充足的支付能力 ……………… 202
四、理论科研领域是向其它工作领域提供优秀人才的人力资源储备库 ……………………………………………………………… 202
五、理论科技研究是人类未来工作的主业和经济发展的主动力 …… 203
六、理论科研让成功之路变成了康庄大道 …………………………… 205
第三节　理论科研充分就业原理的配套社会机制 ……………………… 206
一、科学民主管理制度 ………………………………………………… 206
二、按需分配基础之上的按劳分配制度 ……………………………… 207
三、消费金付酬机制 …………………………………………………… 207
四、以研促学机制 ……………………………………………………… 207
五、全民终身理论科研机制 …………………………………………… 208
六、科研纠纷仲裁机制 ………………………………………………… 208
七、理论科研工作的程序 ……………………………………………… 209

第十三章　国有制经济宏观运行程序 …………………………………… 213
一、国有制经济宏观运行程序的重要性 ……………………………… 214
二、国有制经济宏观运行程序图 ……………………………………… 215
三、数控经济宏观运行程序图的简要说明 …………………………… 216

后记：本书的不足 …………………………………………………………… 228

第一章　资源成本核算原理

资源成本核算原理是指：国有制经济要建立起一套资源成本核算体系，用资源占用指数（资源稀缺性与资源占用量之乘积）核算产品的生产成本，为国有制经济的决策提供科学的依据。

数控经济学认为，经济学的基本定律应该是成本定律——人们总是试图以最小的成本去实现自己既定的经济目标。

从经济学的成本定律中我们可以看到成本核算的重要性。成本核算决定着经济学中最关键的问题——如何生产的问题（包括生产地点、规模、工艺方法等）。

在私有制经济体系中，社会各单位可根据货币购买成本和利润法则独立地制订自己的生产方案。

计划经济体系中，国家是根据所谓的产品的“内在价值”确定买卖双方的价格、核算生产成本、制订国家的生产方案。由于计划经济没有一套科学的方法确定每一种产品的“内在价值”和生产成本，因此，计划经济在实际操作中常常是依据长官的意志去确定生产方案。因此，计划经济制订的生产方案是很不科学的。

那么，究竟有没有一套科学可靠的方案来确定国有制经济体系的产品生产成本、为确定生产方案和制订科学的国家规划提供依据？答案是肯定的——资源成本核算体系就是为了这个目的而产生的。

在介绍资源成本核算体系之前，很有必要先了解一下传统的货币购买成本核算体系及该体系存在着哪些问题和弊病。

第一节　货币购买成本核算体系

一、货币购买成本核算体系的定义

货币购买成本核算体系（简称货币成本核算体系）是指以在采购生产

要素时所支付货币数量来核算产品生产成本的产品成本核算体系。用货币购买成本核算体系核算出来的产品生产成本简称为货币成本。

产品的生产要素是指生产产品过程中不可缺少的人力资源、土地资源、厂房、设备、工具、原材料、能源、资本利息等成本要素。在私有制市场经济体系社会，所有的生产要素都可以在市场上标价买卖，因此，可以通过生产要素在货币采购中的支出货币量来计算产品的生产成本。

二、货币购买成本核算体系的特点

1. 货币成本的波动性大

货币成本核算体系的主要弊病之一是产品的生产成本很不稳定，因为货币的产品成本的价格会随着市场采购价格的变化而变化，具有很大的不确定性。并且时间间隔越长，产品的价格波动和不确定性就会越大。

换句话说，产品成本和产品的价格主要受交易心理影响（或货币使用量的影响），而影响交易心理的主要因素则是与交易相关的产品信息的影响，甚至包括人们未来计划要做事件的信息都会影响人们目前的交易行为和成本。由于人们无法掌控太多的未来交易信息，因此，人们对未来的产品成本是无法掌控的。

2. 货币成本具有传导作用

货币经济（包括计划经济）生产的目的是为了获得利润，产品的货币成本核算目的是为了制订销售策略，为了获取利润，产品的售价必须大于或等于产品的成本价，否则货币经济就无法正常运行。因此，产品的成本与产品的售价密切相关，当产品的生产成本上涨时，其产品的售价也必然上涨，从而产生产品的价格传导作用。

三、货币价格成本核算体系的弊病

1. 规划决策依据的可靠性低

市场经济的运行是依靠资本利润滚动发展机制运行的，利润的计算是生产运行和决策的基础，而货币成本波动性大的特点导致了产品利润的不确定性，利润的不确定性必然给产品的生产决策带来了不确定性和很大的决策风险，尤其是对中长期的经济决策的准确性影响巨大：投资决策生产某个产品时，该项目产品的利润可能很高，等到建成投产时很多产品的成本价格都发展变化了，原来赢利的项目就有可能变成了亏损的项目。

人类生存离不开规划，但在市场经济社会里，由于规划依据的可靠性低，企业的规划常常是赶不上社会的变化，企业规划的可信度很低，企业决策的难度非常大，风险大，从而导致了大量企业的短期行为。因此，货币成本核算体系不能很好地帮助人们进行经济规划决策。

2. 货币成本对生产过程、销售过程的干扰大、增加了经济的无序性

由于货币成本价与产品销售价的密切关系产生的价格传导性，使上下游产品的生产互相干扰波动：上游产品的价格波动不仅对下游产品的生产会产生干扰，下游产品的价格波动也会反向干扰上游产品的生产。

一旦某个偶然事件产生的小价格波动就可能因为成本传导性、中间商的投机性引发市场价格波动的共振效应，使小波动变为大地震，尤其是在信息高科技的帮凶下，一个小的波动都可能引发市场共振效应，从而产生巨大的振幅、震断资金链、造成大型的金融危机，从而破坏市场经济秩序。

第二节　资源成本核算体系

市场经济、计划经济（均为货币经济体系）进行产品成本核算的目的都是为了赢利，二者不同之处在于：前者是为了个体的私利，后者是为了全民的福利。而国有制经济（非货币经济体系）进行产品成本核算的目的则不是为了赢利，而是为了了解产品的需求强度和制订科学的生产规划。

一、资源成本核算体系的定义

1. 资源成本的定义

产品是占用消耗各种资源的集合体，生产任何一种产品都是以消耗、占用各种资源为代价的，因此，为了避免货币成本核算体系存在的缺陷，数控经济学认为：产品的成本可以用产品生产过程中所消耗、占用的各种

资源来度量，并将产品生产时所占用消耗的各种资源定义为产品生产时的资源成本；某种资源的占用消耗成本可以用该种资源的稀缺性系数与该种资源的占用消耗量之乘积来表示（资源的稀缺性系数与资源的占用消耗量之乘积简称资源占用指数或资源指数）；某种产品的资源占用成本（简称资源成本）等于该产品生产时所消耗占用的各种资源占用指数之和。

2. 资源成本核算体系的定义

资源成本核算体系的定义是：用资源占用指数来核算产品生产成本的成本核算体系称之为资源成本核算体系。

在市场经济社会里，人们虽然知道“物以稀为贵”的道理，但资源的稀缺性无法用具体的数学关系进行准确的表达，资源的稀缺性混合在了资源的价格之中，通过产品包含的资源稀缺性的信息间接影响着产品的价格成本。

信息化是数控经济学运行的社会基础，在信息化为基础的国有制经济社会中，资源勘探的科技水平很发达，资源储存信息非常透明、清淅，每一种资源的保有储量及储量动态都透明可查，每种资源的稀缺性都是可以具体量化的。只要了解了资源的稀缺性和资源的占用量，就可以确定每个产品的生产成本，因此，信息化社会为资源成本核算体系提供了技术支持。

二、资源成本核算的基本概念

1. 资源的分类

（1）广义的资源分类

广义的资源可分为四大类：原始自然资源、人力资源、国土资源、产品资源（简称产品），其中，产品资源是由原始自然资源、人力资源、国土资源组成的次生综合资源。

（2）狭义的资源分类

狭义的资源分类不包含次生综合资源（产品资源），即只包含原始自然资源、人力资源、国土资源等三种资源，因为，产品资源可以分解变成这三种资源。

在产品的资源成本核算中，资源的概念是一种狭义的概念，即资源分类的概念只包含三大类资源：原始自然资源、人力资源、国土资源。

为了环境保护的需要，在资源的分类中特别增加了另一大类特殊的资源——有害资源。有害资源是指在产品生产中排放出来的有害物质。数控经济学认为，向环境中排放的有害资源应该纳入产品生产成本的核算中，即在生产中排放的有害资源增加了产品的生产成本。至此，在资源成本核算中，产品所占用的资源可分为四大类：原始自然资源、人力资源、国土资源统、有害资源。

这四大类资源可以称之为类资源。在每大类资源中又可以分为很多个种资源，大类之下、种资源之上还可以分为多少种小类资源。其中，种资源的稀缺性是种资源的最重要的特性，是计算产品生产成本最重要的基础数据。

（3）产品的分类

产品的分类方法对数控经济学或国有制经济的规划研究具有非常重要的作用！因为数控经济学的某些经济学原理是建立在产品分类法的基础之上，如果不对产品进行科学的分类，数控经济学的研究就无法进行下去。数控经济学对产品的分类方法主要采用如图 1 所示的分类方法：

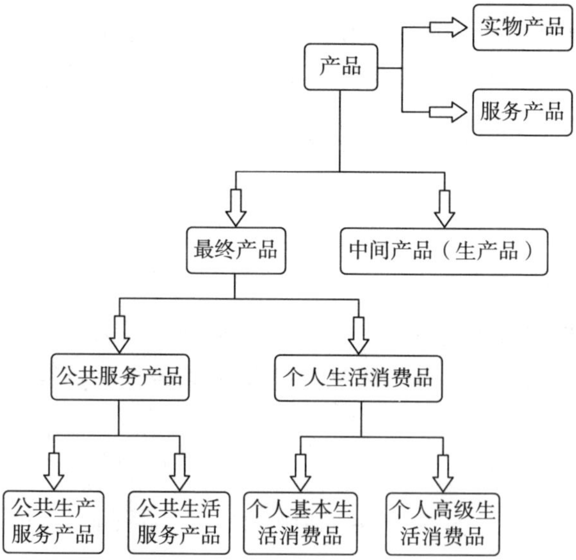

图 1

A. 实物产品

实物产品又可以简称物品。这种产品是有形的、看得见、摸得着的产品，实物产品是可以储存的，其生产地和消费地是可分的产品。

B. 服务产品

服务产品又可以称之为劳务产品，简称服务。服务是不可以储存的，生产和消费是同时性的、不可分的。

C. 最终产品

最终产品是指可以直接为公众使用或个人消费的产品。人类生产的最终目的是向社会提供更多更好的最终产品。任何出口到国外换外汇的产品都属于最终产品。最终产品的消费是不计入产品的生产成本的。比如，个人乘坐公共交通工具是不必须付费的；个人消费了多少最终产品也不需要计入人才培养的成本之中；单位使用公共交通设施是不必计入产品的生产成本，但为某个单位专门修建的交通设施是需要计入单位产品的生产成本。

最终产品根据产品供给对象又可以分为公共服务产品和个人生活消费品，在公共服务产品和个人生活消费品之下还可以再进行更多、更细的产品分类，分类越细，产品的功能就越相近。在每大类产品和每种产品之间可以有很多的亚类产品。对最终产品进行详细分类的目的是为了比较产品需求强度的大小、为国家制订科学的发展规划提供依据。

a. 公共服务产品

公共服务产品是指为社会生活和生产提供的基础性、保障性的公共使用的服务性产品，比如：科研成果、政治管理、优良环境、公共交通运输、信息通信、水利、国防、治安、生产安全、消防、规划、设计、教育、基础医疗、紧急救灾和基本生活保障等部门生产的服务产品。

b. 个人生活消费品

个人生活消费品是指直接满足个人使用的生活需求产品。个人生活消费品具有排他性和权属性。

个人生活消费品可分为个人生活消费物品和个人生活消费服务。

个人生活消费物品是指所有权属于消费者个人所有的物品。比如，可随身携带的小食品、义齿、耐用的贴身内衣内裤、个人化妆品等不能与他人共用的物品或一次性使用的易耗物品。根据数控经济学理论，国有制社会里，属于个人生活消费物品的产品种类数量较少，绝大多数个人生活消费品都是个人生活消费服务产品，很多在私有制社会里的个人耐用消费品

（汽车、房子、洗衣机、冰箱等）在国有制社会里都变成了向人们提供个人生活消费租赁服务产品的中间产品（生产品或生产资料产品）。

个人生活消费服务是指专门为特定的个人提供生活所需要的服务产品。比如，精神娱乐消费、比赛和表演、住房及家居租赁服务、服装租赁服务、旅游服务、个人美容、餐饮服务、外套服饰及妆饰品的租赁、生活消费用交通工具的租赁、身体按摩等服务等等，个人生活消费服务是一种消费权力，消费者购买的是别人的服务或耐用消费品的享受权或使用权。

个人生活消费品又可以分为个人基本生活消费品和个人高级生活消费品。个人基本生活消费品是指由国家免费提供的个人必需的生活消费品，比如个人基本医疗、基本医疗整容、个人基本需求食品、个人基本住房租赁服务、基本的交通服务、基本服装租赁等等；个人高级生活消费品是指那些非必需的个人基本生活消费品之外的个人生活消费品，比如住在高级病房、租赁高级住房、享受高级美容整容、租赁豪华服装和饰品、在高级特色餐厅享用美食，等等。

另外，在建立了产品公正评价体系的国有制社会，还可以对产品的实际功效进行客观公正的比较评价，根据最终产品的功效情况可以将最终产品分为三大类：

a. 有效产品

有效产品是指对人们的身心健康有益的产品或对提高社会工作效率有益的产品称之为有效产品。

有效产品还可以细分为高效产品、中效产品、低效产品。

b. 无效产品

无效产品是指对人们的身心健康无益、对提高社会工作效率无益的产品。由于市场经济没有一套公正评价体系，在利润机制和自卖自夸机制的作用下，大量无效产品或低效产品涌入市场，从而造成 GDP 的虚高、经济虚假繁荣的现象。

c. 有害产品

有害产品是指对人们的身心健康有害的产品。在一些错误理论和迷信思想的作用下，人们生产出来了不少对人们身心健康有害的产品。

D. 中间产品

中间产品又称为生产品，它是指生产最终产品所需要的一切原始自然资源、生产物品和生产服务，它不直接满足公共和个人的需求，即中间产品也称之为生产消耗品，简称生产品，比如厂房、基础设施、设备、工具、零部件、半成品、原料、材料、燃料、能源、动力产品、生活与生产住房、住房配套的家用电器、交通工具、耐用生活消费品等等及与生产相关的服务。中间产品的消耗是需要计入最终产品的生产成本。

以出口换汇为目的生产的中间产品通常不认为是中间产品，而被视为最终产品。

2. 资源的稀缺性系数

数控经济学用某种资源的稀缺性系数（Y）来度量某种资源的稀缺程度。关于资源的稀缺性系数，数控经济学有如下规定：

（1）资源稀缺性系数的定义

某个国家某大类资源中的某种资源的资源稀缺性系数（Y）等于该国该大类资源的资源总储量与该种资源的分储量之比值。

设某个国家的某大类资源的资源总储量为 L，该大类资源中的某种资源的分储量为 Li，那么该国该种资源的稀缺性系数为 Yi，则：

$$Yi = L/ (Li)$$

（2）资源稀缺性系数计算的其他规定

A. 稀缺性系数等于零的非稀缺性资源

数控经济学规定：自然补给量大于（或等于）其实际消耗量或使用量与总储量相比太小可以忽略不计的资源称之为非稀缺性资源或可再生资源（如：风力资源、太阳能资源、降雨量大于使用量地区的水资源、自然生长量大于或等于实际使用量的自然生物资源等），非稀缺资源或可再生资源的资源稀缺性系数都等于零。

稀缺性系数等于零的资源储量不列于国家资源总储量的统计范围。

B. 有害资源的稀缺性系数

有害资源的资源稀缺性系数大小与有害物对环境破坏的毒性大小成正比，具体某种有害资源的稀缺性系数大小由国家通过专家民主评估决策后确定。

（3）资源稀缺性系数计算举例

例一：假设某个国家已探明的可利用的原始自然资源的总储量为 10000 亿吨，其中，铁资源储量为 100 亿吨、铜资源储量为 10 亿吨，那么，根据稀缺性系数计算公式，可得出铁资源的稀缺性系数为 100、铜资源的稀缺性系数为1000。

例二：假设某个国家的劳动总人口为100万人，其中，具有一级电工操作技术资质的人数为1000人，具有一级钳工操作技术资质的人数2000人，同时具有一级电工和一级钳工技术资质的人数为100人，那么，根据稀缺性系数计算公式，上述三种人力资源的稀缺性系数分别为1000、500、10000。

例三：某个国家的国土总面积为100万平方公里，其中，陆地面积、淡水面积、海洋面积各有70万、20万、10万平方公里，其中，可耕种陆地面积有5万平方公里，山坡森林陆地面积有25万平方公里，那么，根据稀缺性系数计算公式，该国陆地资源的稀缺性系数、淡水国土资源的稀缺性系数、海洋国土资源的稀缺性数、可耕种陆地资源的稀缺性系数、山坡森林陆地资源的稀缺性系数分别为10/7、5、10、20、4。

例四：某个国家东部地区的年降雨补充量大于水资源年使用量，西部地区年降雨量仅为需求量的一半，另外一半水的需要量要通过开采地下水来补充，西部可开采的地下水资源储量为100亿吨，西部可开采的自然矿产资源总储量为10000亿吨，那么在该国的东部地区水资源的稀缺性系数就等于零，而西部地区的水资源稀缺性系数则为10000/（100×2）=50。国家可以通过比较在西部开采地下水的用水成本和从东部人工调水到西部的用水成本后，再决定西部的供水方案。

3. 资源的占用量

产品是占用和消耗各种资源的集合体。除了每种资源的稀缺性系数外，每种资源的占用量大小也是决定产品成本的重要因素。

每类资源的资源占用量的度量单位各有不同，如何选用标准的资源占用量单位有待今后进一步的研究后再确定。以下方法只是简单地进行定性说明。

（1）原始自然资源的占用量

原始自然资源的资源占用量可以用质量单位来表示。

（2）人力资源的占用量

人力资源的资源占用量可以用工时（即工作时间）来表示。

（3）国土资源的占用量

产品的生产过程一定是需要占用一定的空间的，我们用生产时所占用的国土面积大小和占用时间的大小来度量国土资源的占用量（即国土面积与时间的乘积，时空）。

（4）有害资源的占用量

有害资源的占用量单位应该与原始自然资源的占用量单位相同，即应该是质量单位。

4. 资源占用指数（资源成本）

如果产品生产过程中只需要占用一种资源，那么度量产品的资源占用成本就是一件非常简单的事情——只需要计算同一种资源的占用量就可以计算出产品的资源占用成本。但产品的生产过程中要占用不同种类的多种资源，如何比较不同种类的多种资源的占用成本的大小呢？因此，必须用一个统一的资源占用成本单位来统一度量不同种类的资源占用成本。

为了解决不同种类资源的资源成本的统一度量的难题，数控经济学规定：用“资源占用指数”作为产品生产过程中资源占用成本的计量单位。

数控经济学定义如下：某种资源的资源占用指数（简称资源指数）等于某种资源的稀缺性系数与其资源占用量之乘积（某种资源占用指数＝该资源的资源稀缺系数×该资源占用量）；某种资源的资源占用成本等于某种资源的资源占用指数；某种产品的资源成本等于该产品在生产过程中所占用的各种资源占用指数之和。

数控经济学不仅用资源占用指数来统一度量产品生产时的资源成本，有时也用它度量资源投入量的分配多少，尤其是在进行社会发展规划时对资源总量进行分配时对资源投入量的度量。

设，C 为某种产品的资源占用成本，该产品在生产中总共占用了 N 种资源；C_1，C_2，…，C_N分别代表生产过程中所占用的 N 种资源的资源指数；Y_1，Y_2，……，Y_N分别代表 N 种资源的资源稀缺性系数；Z_1，Z_2，……，Z_N分别代表 N 种资源的资源占用量，则某种产品的资源成本 C 可用如下公式表达：

$$C = C_1 + C_2 + \cdots\cdots + C_N$$

$$C_1 = Y_1 \times Z_1,\ C_2 = Y_2 \times Z_2,\ \cdots\cdots,\ C_N = Y_N \times Z_N$$

$$C = (Y_1 \times Z_1 + Y_2 \times Z_2 + \cdots\cdots + Y_N \times Z_N)$$

由于同类的各种资源的资源占用指数之和等于类资源占用指数，因此，产品的生产成本也可以表达为类资源占用指数之和。

设，C_Z为某个产品的原始自然资源类的资源占用指数之和，C_R为该产品的人力资源类的资源占用指数之和，C_G为国土资源类的资源占用指数之和，C_Y为有害资源类的资源占用指数之和，则可有如下公式成立：

$$C = C_Z + C_R + C_G + C_Y$$

5. 类资源的成本权重系数

类资源的权重系数是指一个国家的某类资源（自然资源、国土资源、人力资源）在国际上的稀缺程度。类资源权重系数的主要用途是用于更准确地计算、修正产品的资源成本。比如，有的国家原始自然资源非常的丰富、但国土资源却非常少；而有的国家人力资源非常丰富、但自然资源却十分的缺乏，因此，在计算产品的资源成本时，需要通过类资源权重系数来修正产品的资源成本，使产品的资源成本的度量更科学、使产品的资源成本更能代表产品的真实成本。

某个国家的原始自然资源的成本权重系数或国土资源的成本权重系数等于其国际人均占有量与国内人均占有量之比值。

设Q_Z为某个国家的原始自然资源的成本权重系数，G_Z为国际上人均占有的原始自然资源量，R_Z为国内人均占有的原始自然资源量，那么，三者之间的关系公式为：

$$Q_Z = (G_Z) / (R_Z)$$

设Q_g为某个国家的国土资源的成本权重系数，G_g为国际上人均占有国土资源的面积，R_g为国内人均占有国土资源的面积，那么，三者之间的关系公式为：

$$Q_g = (G_g) / (R_g)$$

在资源成本核算中引进了类资源的成本权重系数的概念后，产品资源占用成本 C 的计算公式可用下列公式更为精确地表达：

$$C = Q_Z \cdot C_Z + C_R + Q_g \cdot C_G + C_Y$$

（其中：假设各个国家对环境污染的控制标准相同，否则，还要加上有害资源权重系数，有害资源的权重系数与国家对环境污染标准的控制的严格程度相关。）

比如：当某个国家的原始自然资源的人均占有量小于国际上人均占有

水平时，说明该国的原始自然资源相对比较稀缺，原始自然资源类的权重系数就大于1，因此，在计算产品的资源成本时，原始自然资源类的资源占有总指数就要剩上一个大于1的权重系数，以增加原始自然资源类的资源在总成本中的比重，从而可以导致人们尽可能地少占用自己国家的原始自然资源，以降低产品的生产成本；当某个国家的原始自然资源的人均占有量大于国际上人均占有水平时，其原始自然资源类的权重系数就会小于1，因此，在计算产品的资源成本时，原始自然资源类的资源占有总指数就要剩上一个小于1的权重系数。

类资源权重系数对所计算的资源成本进行修正，其目的是为了在资源成本核算中更好地体现出资源稀缺性与产品成本的相关性——比较稀缺的类资源在成本计算中应该占据比较大的权重，从而使计算出的产品资源成本更具有真实性。

三、国产产品的资源成本核算的基本方法

国产产品的资源成本核算的基本方法是按照实际生产时的工艺流程步骤、逐步计算累加、多次循环计算法，即：产品的生产成本是从还没有开采、加工过的原始自然资源开始，按生产工艺流程逐步计算每步工艺流程的资源成本、并累加每步工艺流程的资源成本后的每个产品的生产成本，直到计算出全部最终产品的资源成本；按工艺流程从原始自然资源到最终产品、计算出全部产品的生产成本一遍，称为循环计算一次；要进行多次的循环计算产品生产成本，直到相邻二次计算的最终产品成本之差小于国家规定的标准值为止。其具体的计算法则包括如下：

1. 先上后下法则

先上后下法则是指：根据产品的生产加工工艺流程、从原始自然资源开始、先计算上游产品的资源成本、后计算下游产品的资源成本、最后再计算最终产品的生产成本。

2. 初次不计法则

初次不计法则是指：在初次计算上游产品的资源成本时如果其生产工艺中涉及下游产品资源的占用和消耗时，可以忽略不计下游产品的成本消耗。

这是因为在初次计算上游产品的生产成本时，下游产品的生产成本还是个未知数，所以在初次计算上游产品时可以暂时忽略不计下游产品的成本消耗（比如，在初次计算原油的开采成本时，必然要涉及开采过程中的燃油消耗成本，由于燃油是原油产品的下游产品，在原油成本未知的前提下是不可能知道燃油的成本，故在初次计算原油开采成本时可以暂时忽略不计燃油的成本消耗）。

3. 代入循环计算法则

代入循环法则是指：将前次循环计算得到的全部产品的资源成本值代入到后次循环计算产品成本的计算公式中，从而得到后次循环计算产品成本的计算结果；并且要多次代入、循环计算产品的资源成本，直到相邻二次循环计算出的最终产品的成本值之差小于国家规定的标准，并且取最后一次计算结果为某个产品的生产成本。

（注：由于初次循环计算得出的产品成本是不包含下游产品的资源消耗，第二次循环计算得出的产品成本是包含下游产品的资源消耗，所以第二次循环计算得出的产品成本肯定会比第一次计算得出的产品成本要高，依此类推，每后次计算得出的产品成本都会比前次高，但循环计算的次数越多，每二次计算的成本值之差就会越小）。

4. 最终产品消耗不计法则

最终产品消耗不计法则是指：社会最终产品资源（公共服务产品和个人生活消费品）的资源消耗不计入产品的生产成本，产品的生产成本只需要计算原始自然资源和中间产品资源（生产品）的占用和消耗。因为最终产品是人类追求的目标，是社会生产的最终目的，是造福于社会、使全社会受益的产品，而不是只为某个或某些产品的生产而专门生产建设的中间产品。

四、产品资源成本的分类

同一种产品因为成本核算的条件和范围的不同，其产品成本也不同，通常主要有如下二种产品成本：

1. 单位生产成本

单位生产成本是指某个生产单位在生产某个产品时该产品出厂时的资

源成本。由于每个生产单位的材料来源不一样、每个单位的生产工艺、管理情况也不一样，生产完全相同产品的生产成本也可能不一样。

单位生产成本是单位竞争、承包、考核的重要指标之一，也是确定考核设计方案、承包方案的主要依据。在同样的外部条件下，单位生产成本最小化是考核单位承包方案和承包人的重要指标。

单位生产成本 = 各种原材料、零部件的占用成本 + 生产设施（包含生产工具、设备）与能源的消耗与占用成本 + 人力资源成本 + 国土资源占用成本 + 有害资源排放成本 - 无害剩余物资源残留量

（注：无害剩余物资源残留量是指可以回收再利用的生产剩余物的资源指数。无害剩余物资源残留量 = 回收利用后的正规产品的生产成本 - 回收再利用过程所耗费的生产成本）

2. 社会最终产品平均使用成本

社会最终产品平均使用成本是指全社会最终产品到达用户时的生产成本的加权平均值。由于中间产品的成本最终都会计入最终产品的成本之中，所以某个社会最终产品社会平均成本是评价某个产品生产成本的最有代表性指标，也是国家规划部门规划追求的目标和规划的依据，即后面所论述的“资源成本最小化原则”中的“成本”实际上就是指的“社会最终产品平均使用成本”。

五、进口产品的资源成本核算

如果相同的产品可以通过两种方式获得——国内生产或进出口贸易，这就需要比较两种获取方式中哪一种方式的资源成本更低。国产产品可以根据生产工艺流程、资源的消耗占有量及资源的稀缺性去核算产品的资源占有指数（资源成本），但进口产品却不能用这种方法获得其产品的生产成本（因为进口产品消耗的国外的资源）。那么，对进口产品应该如何核算其资源成本呢？

数控经济学对进口产品的资源成本给出了如下计算公式：

$$C_J = J_B / P_W$$

其中：C_J为进口产品的资源成本（设：资源占用指数的基本单位为克思），J_B为进口产品的外汇购买价格（设：外汇购买成本的基本单位为美元），P_W为某个国家的全部出口产品的资源成本的平均外汇价格（全部出

口产品的资源成本平均外汇价格的基本单位为：美元/克思)；某个出口产品的资源成本的外汇价格等于其产品的外汇出卖价格与其资源成本之比，其单位是美元/克思，不同的国产出口产品在国际市场上的资源成本的外汇价格是不同的，全部出口产品的资源成本的平均外汇价格 P_W 则等于全部出口产品的外汇总价值 W_Z 与全部出口产品的资源总成本 C_Z 之比，即有如下公式：

$$P_W = W_Z / C_Z$$

全部出口产品的资源成本的平均外汇价格 P_W 的含义是：一个国家每一单位的资源占用指数平均可以换回多少外汇（一单位资源成本的平均外汇价格）。

举例说明：

（一）假设一个国家在某个时间段内共出口了 10 双皮鞋、100 吨煤炭，每双皮鞋的出口价格和资源占用指数（资源成本）分别是 40 美元和 10 克思，每吨煤炭的出口价格和资源成本分别是 24 美元和 13 克思，求：皮鞋和煤炭的每单位资源成本的外汇价格各是多少？该时间段内全部出口产品的资源成本的平均外汇价格 P_W？

解——

皮鞋的每单位资源成本的外汇价格为 = 40 美元/10 克思 = 4 美元/克思

煤炭的每单位资源成本的外汇价格为 = 24 美元/13 克思 = 1.846 美元/克思

全部出口产品的外汇总价值 $W_Z = 10 \times 40 + 100 \times 24 = 400 + 2400 = 2800$（美元）

全部出口产品的资源总成本 $C_Z = 10 \times 10 + 100 \times 13 = 100 + 1300 = 1400$（克思）

该国在该时间段的每单位资源成本的平均外汇价格 $P_W = 2800/1400 = 2$（美元/克思）

（二）假设一个国家在某个时间段的全部出口产品的资源成本的平均外汇价格是 $P_W = 2$ 美元/克思，某个产品在国内的生产成本为 6 克思，在国际市场上的购买价格为 $J_B = 8$ 美元，那么，请问，该国是应该进口该产品还是应该自己生产该产品？

解，首先应该了解该产品的进口资源成本 C_J 是多少，再跟该产品的国产资源成本进行比较，就清楚了。

$$C_J = J_B/P_W = 8/2 = 4 \text{（克思）}$$

答，由于该产品的进口资源成本为 4 克思，低于该产品的国产资源成本 6 克思，所以国家应该采取进口该产品的方式满足国内的需求。

六、影响产品资源成本的主要因素

1. 规划设计

影响产品生产成本的重要因素在产品的规划设计阶段，产品的生产地点、生产工艺、生产规模等生产项目的规划设计将直接影响着产品生产的资源成本。因此，判断规划设计的科学与否的一重要原则是在保证产品质量的前提下其产品的资源成本是否是最低的。

2. 管理方法

产品在生产过程中的管理方法也直接影响产品的生产效率（生产成本）。好的管理方法（好的承包竞争奖励制度、完善规章管理制度、岗位责任制度、高效率的仲裁制度等等）都可以提高工作的积极性、提高生产效率、减少资源的浪费，可以对产品成本产生重要影响。

3. 资源稀缺性系数的变化

资源储量的研究、勘探、调查、开采都有可能改变各种资源储量的变化，从而导致资源稀缺性系数的变化，从而影响产品的资源成本核算结果。

4. 核算方法和标准

产品成本的核算方法和核算标准的优化调整（比如：资源占用量的度量单位的调整、资源权重系数的调整、资源分类标准的变化等）也会影响产品的资源成本的核算结果。

虽然由于产品资源成本的核算方法和相关标准的调整会导致产品的资源成本发生变化，但只要在进行产品成本核算时采用的是一套统一的方法和标准（尽管还有一些不完善的地方），其产品的资源成本核算就具有实际的指导作用，并且采用不同版本计算出来的资源成本之间还可以通过计算机系统互相转换。

七、资源成本核算体系的优越性

以资源占用指数度量产品生产成本为核心的资源成本核算体系具有如下明确的优越性：

1. 客观性强

产品的资源成本能够客观、真实地反映出产品的生产过程的真实成本，产品的核算过程公开、透明、客观、公正，产品的真实成本没有因为"保密"为借口而留下的黑暗死角，基本排除了人为心理等主观因素对产品成本的影响和干扰，使产品生产成本终于变成了客观、真实存在的东西，排除了很多非生产因素导致的成本变化（税收、贷款利息等成本支出），可以经得起历史的检验。

2. 稳定性好

影响产品资源成本的因素虽然有四大类，但一旦国家采用了统一的资源成本核算方法和标准后，每种产品的资源成本变化都是可以、预测和换算出来的，产品成本变化幅度是非常小的，并且影响资源成本核算的因素都是可以可预测的、可追塑的、可还原的，产品成本变化是稳定可控的，不会因为产品成本的变化引发一系列的经济波动。

3. 变化幅度小

从影响资源成本的因素来看，每种对产品成本影响的因素都是很小，不会像市场价格波动哪样在短时间内因心理因素产生不可预测的大波幅。

4. 可靠的决策依据

由于资源成本核算体系所提供的产品成本客观、真实、稳定可靠，为人类的规划决策和生产决策提供了可靠的依据。

5. 核算过程简单

资源成本核算的过程只要把生产工艺过程和原始资源数据准备好了，其具体计算过程都是公式化的，可以完全由计算机来操作，非常简单。

八、产品资源成本核算程序

通常产品资源成本的核算需要遵循下列的核算程序：

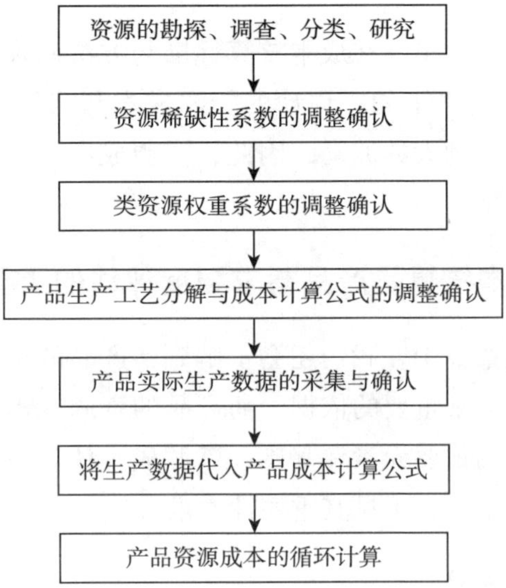

第三节　资源成本核算原理的重要应用

一、资源成本最小化原则

在货币经济体系里，人们遵循的投资原则是利润率的最大化，而不是成本的最小化。而数控经济的资源成本核算原理使资源成本最小化原则成为了一个非常重要的经济原则。

资源成本最小化原则是指：在制订国家发展规划方案、进行生产单位承包方案、项目设计方案决策时，要把产品生产时的资源成本最小化当做决策的重要依据之一。

比如：在制订国家发展规划、在确定某个产品的产能增加的新项目时，在确定该新项目的生产地点、生产工艺方法、生产规模的选择中，社会平均使用成本最小化是最重要的决策依据。

在货币经济体系的社会里，产品成本的最小化与产品利润的最大化并不完全相同，有时为了获得更大的利润就要付出更大的成本。更由于产品的成本和利润都在随着市场的价格波动而无法确定，因此，在货币经济体系的社会，由于经济决策的依据是摇摆不定的，从而导致经济决策的意见也是摇摆不定的。

而在数控经济社会里，在成本核算标准与方法确定的前提下，产品的成本是可以提前预估出来的，预计的资源成本与实际的资源成本相差不大，不会有无法预计的大的波动，因此，资源成本最小化就可以成为国家经济决策的可靠依据。

二、资源成本核算是产品需求强度评估的重要基础

在本书后续的章节中，我们还会了解到：产品的需求强度也是制订国家发展规划的一个非常重要的依据。而产品的资源成本又是产品的需求强度评估的不可或缺的重要元素和基础。资源成本核算原理几乎是数控经济学整个理论体系的基础，可见其重要性之重大！

三、进出口贸易

在本书后续的章节中，我们还会了解到：国产产品的国际市场需求强度和进口产品的国内需求强度是一个国家制订产品进出规划的主要依据，而产品的资源成本同样也是决定产品国际市场需求强度和进口产品国内需求强度的重要基础。因此，在进出口贸易中资源成本核算原理也是其重要的决策依据。

第二章　消费金付酬原理

消费金付酬原理是指：国有制经济要在建立一套科学、公正的劳动贡献评价体系的基础上，要根据个人劳动贡献的大小、用仅可购买生活消费品的消费金来支付个人的劳动报酬。

第一节　货币劳动报酬支付体系之弊病

在了解货币劳动报酬支付体系和消费金劳动报酬支付体系之间的优劣之前，很有必要先了解货币的相关基础知识。

一、货币概论

1. 货币的定义和基本特性

目前关于货币的定义已经有很多种不同的版本，但目前还没有一种可以简单、精确表达货币内涵的定义。因此，本书提供了一个新的关于货币的准确定义供读者参考。

本书对货币的定义是：货币是公认的便于分割、便于累加、便于移动、便于保管储存的财富信物。

“财富信物”是指该物质能够代表财富或该物质本身就是一种财富，见到这种信物了就等于见到了财富，谁拥有了这个信物谁就拥有了这个财富。

货币不是普通的财富信物，它具有如下的基本性质：

（1）公认性

公认性是指货币必须是得到社会广泛认可的财富信物，即货币通常是由权威机构确定的或是大家约定俗成的、得到公众广泛认可的财富信物。货币与信用或信誉是密不可分的。当一个国家失去了信用，其国家的货币也不再是财富的信物。

（2）可分割性

可分割性是指货币可以很方便地分割成很多性质相同的单位更小的“财富信物”，分割前后的功能不会发生变化。比如，1000 克的整黄金可以分成 100 个 10 克的黄金，并且 1000 克的整黄金的“财富信物”功能与 100 个 10 克的黄金的“财富信物”功能相同，100 美元的纸币换成 10 张 10 美元的纸币后的“财富信物”功能也没有发生改变。

（3）可累加性

可累加性是指是指货币可以方便地累积、组合成很多性质相同的单位更大的“财富信物”。

（4）可移动性

可移动性是指货币是一种可以非常自由地、方便地移动、运输、携带的财富信物。

（5）可储存性

可储存性是指货币是一种易于保管、储存时间长、储存成本低的财富信物。

2. 货币的基本功能

由于货币的基本性质，使货币产生众多的功能，但其中下面二项的基本功能是最重要的，其他的功能都是由这二个基本功能派生出来的：

（1）赋值功能

由于货币的可分割性和可累加性，可以使货币方便地为大小不同的财富进行连续地赋值，使货币在产品交换时可以很方便地为其他产品赋予价值或价格标签，这就是货币的赋值功能（或称财富度量功能）。

（2）产品交换媒介功能

由于货币是财富信物，又具有可移动性和可储存性，因此，人们可以放心地将自己不可移动的财富或不方便储存的财富先转换成等价的财富信物（货币），然后在另外的地方和其他的时间用货币再等价交换回自己所需要的产品财富，从而使货币具有了产品交换媒介的功能。在货币媒介的作用下，人类实现了从同时、同地的产品交换向异时、异地的产品交换的转换，从而极大地促进了社会产品的交换。

由于货币的出现，使原有的劳动与物品之间的直接交换变成了劳动与货币之间的交换，从而使货币具备了支付劳动报酬的功能。

产品的交换实际上就是不同财富的等价交换，财富信物（货币）就充当了产品交换的媒介。

货币的赋值功能、交换媒介功能及其派生的其他功能大大促进了产品生产的专业化和商品化，为提高社会生产效率、为社会经济发展做出了巨大贡献。

3. 货币的外部形态

货币的本质是不变的，但货币的外部形态却是随着时代和环境的改变而变化的，货币经历了如下几种外部形态：

（1）自然货币

用原始人类的生活环境中的自然产品充当货币。比如，原始社会时代，人们利用天然物品（稻谷、贝壳、天然金属等）充当货币（自然货币）。

（2）人造金属货币

当人类的手工业发展到比较高的水平时，人们利用金属制品充当货币（金属货币），人类进入了金属货币时代。

（3）纸币

当人类进入到大工业化时代时，金属货币无法满足大量工业产品对货币的大量需求，纸质信用货币（纸币）应运而生；

（4）电子货币

在电子网络信息时代，随着社会信用度的提高，人们利用电子数据充当货币，人类进入了电子货币时代。

根据货币的定义，我们可以给出最好货币的标准：最具有权威性、最便于累加、最便于分割、最便于移动、最便于储存的财富信物就是最好的货币。

由于电子货币可以随意分割、任意累加、可以光速移动、无需携带、永久保存、无损耗，因此，可以推断，在法律完善的未来社会，电子货币可能取代其他的货币。

4. 货币的起源

关于货币的起源过程，目前的主流观点是：先有了差异化的产品生产，再有了物物之间的产品交换市场，最后才有了货币的自然诞生。数控经济学不同意上述这种观点。

数控经济学认为，在自给自足为主的原始农耕社会时代，在同一地区、相邻部落之间的生产的产品差异都不大，生产性的产品交换需求非常小，如果出现了暂时的产品短缺也可以通过借物还物的方式解决，虽然有少量产品的差异可以产生交换的行为，但还不足以形成一定规模的交换市场的动力。依靠产品差异自然形成市场的方式并不是货币与市场形成的主要机制。

在母系专制社会时期，虽然也发现有少量的遥远地区的产品，但这种产品的流通并不是真正意义上的独立经济体之间的生产性的产品交换，而很可能是部落女首领之间的礼品交换和小部落的贡品，部落之间有一定的交换行为，并不代表货币市场的交换机制。

数控经济学认为：真正的市场和货币产生于父系私有制民主社会的家庭形成之后，并且货币出现在市场形成之前；部落或部落联盟内部的市场要早于部落之间或部落联盟之间的市场，即国内贸易早于国际贸易。

货币与市场起源的历史过程大致如下：

父系私有制部落民主社会产生了家庭之后，当时的部落几乎没有大的社会内部矛盾，生产资料私有化使每个男人的责任心和工作积极性得到了空前的提高，和谐积极的社会导致经济迅速发展，社会生产力有了很大提高，每个家庭的生产资料和生活资料也都越来越丰富，家家户户也都比较富裕，即使某个家庭偶尔出现了生产资料或生活资料短缺现象时也可以通过相邻间的友好的实物借还的方式解决，因此，当时的富裕的自给自足式的社会并没有产品交换的需求，也没有货币的产生。

父系私有制民主社会部落的和谐发展，使部落数量迅速繁衍、扩张，从而导致部落之间的外部矛盾越来越激烈，父系私有制民主社会部落之间的兼并战争不可避免地爆发了。被战败部落的生产资料、生活资料及被俘人员都变成了获胜部落的战利品，此时，获胜部落面临着一个严重影响部落团结、生存、发展的新问题：部落家庭之间为了争夺战利品而产生了矛盾冲突，这种内部矛盾冲突威胁到了部落的团结与生存。为了解决这个矛盾冲突，部落民主大会不得不出台了一部新的法案——《战利品法案》，该战利品法案规定：在战争期间缴获的所有战利品都先交由部落统一保管，等战争结束后，再根据每个人的战功大小对战利品进行分配。

在《战利品法案》的实施过程中，部落又遇到了一个新问题——有些大的、无法拆分的生产资料或生活资料没法进行合理、公平的分配。比如：如果战利品是一匹活马，而参与分配者是两个人或两个以上的人，而大家都不愿意将活马杀死后再分配，如何公平地分配战利品成了部落民主大会面临的难题。最后，逼得部落民主大会又想出了一个解决办法——先拍卖战利品、再分配战利品的方法。假设：该部落出产最丰富的产品是稻谷，战利品是一匹战马，有三个人要平分这匹战马。在部落的战利品分配大会上，大会主持人会将这匹战马先进行拍卖，如果拍卖后得到了120斗稻谷，那么三位有战功的人就可以通过平分120斗稻谷来解决战利品的分配问题。因此，战利品拍卖会解决了战利品分配的难题，并且，在战利品拍卖会上拍卖成交的马与稻谷的比价及其他不可分割的战利品与稻谷的比价就成为今后一段时间部落家庭之间偶尔进行产品交换的依据，原来家庭之间通过实物借还弥补产品缺失的方式也可以通过私下产品交换的方式解决，稻谷就充当了最原始的货币，货币就这样诞生了。即：货币起源于父系私有制民主社会的战利品的分配。

随着父系私有制民主社会部落之间战争的持续和战争的扩大化，部落变得越来越大，社会财富也不断地进行重新分配，一些家庭拥有越来越多的多种多样的富余产品，在部落内部的家庭之间的产品交换需求也越来越大，人们从私下一对一地进行产品交换自然转到了偶尔大家聚在一起进行产品交换，再到大家约定日期定期聚在一起进行产品交换的短期市场，再到全年都进行产品交易的固定长期市场，国内市场或部落内部市场就这样形成了。

随着社会交通科技的发展和生产能力的提高、各地区富余产品的增多，在和平、稳定的部落或国家边界地区不可避免地产生了与国外进行产品交换的需求，国家间的国际交易市场随之产生，最能符合货币特性的某个国家的货币就将充当起了国际交易的主要货币。

由此可见，货币是父系私有制部落民主社会之间发生兼并战争的产物，具体地说，货币是部落为了公平分配战利品而派生出来的产物，该产物因为满足了人们之间的产品交换需求而逐步完善；市场是随着人们交换需求的扩大而产生、逐步发展的专门的交换机构。

从上述论述中，我们可以得到如下结论：货币是财富的信物，它起源于古代战利品的分配；市场起源于货币之后，并且内部市场（国内市场）

早于外部市场（国际市场）。

二、货币的伟大历史功绩

货币产生后给人类带来了以下主要的历史功绩：

1. 促进产品的交换与流通

2. 有利于资源共享和资源积累

3. 促进了生产和人才的专业化发展

4. 极大地促进了社会生产力的提高

5. 提高了生产效率、商品化、生产规模化

6. 促进了科技的发展

7. 提高了人们的生活水平

三、货币劳动报酬支付体系的弊病

货币的产生和发展到现在，人类已经形成了一整套的货币应用管理制度，其中货币劳动报酬支付制度（体系）是其重要的组成部分。

1. 什么是货币劳动报酬支付体系

在货币经济社会里，人们的合法收入可分为二大类：劳动报酬收入、资本报酬收入。其中以货币的形式支付劳动报酬的社会制度（体系）称之为货币劳动报酬支付体系。

货币劳动报酬支付体系的主要特点：

（1）支付能力的有限性

社会必须给从事工作劳动的人、为社会做出劳动贡献的人支付劳动报酬，而用货币支付劳动报酬的货币经济社会的这种支付能力是非常有限的。因为货币社会的支付劳动报酬的钱来源于企业的产品销售收入和国家的税收（企业支付劳动报酬的货币资金来源于企业的产品销售收入、并纳入产品的生产成本，国家支付劳动报酬的资金主要来源于国家的税收——产品收入的一部分）。由于每个时期的社会所有企业的收入、国家的税收都是有限的，因此，社会每个时期能够支付劳动报酬的资金总量是有限的。

（2）与产品生产成本的关联性

货币不仅可以购买劳动，还可以购买生产品，支付劳动的货币流量可以直接影响生产品的生产成本，企业劳动报酬的增加（工资的上涨、或货币发行量的增加）必然引发产品成本的关联上涨，这种关联性不仅会产生劳动阶层与资本阶层之间的利益冲突，还会引发产品价格涨跌的传导性，从而在社会上产生产品价格波动的连锁反应，从而触发社会产生大的波动。

2. 货币劳动报酬支付体系的弊病

（1）货币劳动报酬支付体系无法满足充分就业的需求

货币支付能力的有限性无法满足人类对劳动报酬支付能力的无限性需求，从而导致社会失业的必然性。

社会劳动报酬的支付能力不仅要满足人类充分就业的需求，还要满足人类劳动贡献的无限需求。

人类的劳动贡献是指人们做了任何对社会有益的事情都可以称之为人类的劳动贡献。人类劳动贡献对劳动支付能力的无限需求是指：只要一个人做了对社会有益的事情就可以向国家申请劳动报酬、获得国家的相应奖励报酬（国家即使没有相应的法律规定和标准，国家的有关部门也要在规定的时间进行审核事实、补充相应的法律规定和支付标准，支付相应的劳动报酬）。由于人类对社会所做的有益之事（人们对社会所做贡献大小）是无法预料的、是无止境的、也不应该封顶的，因此，社会劳动报酬的支付能力也应该是无限的。

例如：某个人发现了社会的某个错误并及时报告了有关机构或采取相应的措施、避免了国家遭受了损失，他的这份劳动属于非岗位劳动贡献，他是否应该受到额外的、相应的劳动报酬奖励？某个国家在某年出现了 1 个世界级发明创造，而在另一年出现了 100 个世界级的发明创造，那么，一年 100 个世界级的发明创造是否应该与一年 1 个世界级的发明创造享受同样的劳动报酬奖励呢？货币经济社会的答案是：这一切都取决于社会的货币资金的支出预算是多少，或者社会是否能够拿出足够的奖励资金。

从上述的两个例子我们可以看出，劳动贡献对劳动报酬的支付能力的需求是无限的，而货币劳动报酬支付体系的支付能力却是有限的，它不仅无法满足人们对劳动贡献的报酬支付能力，甚至还无法满足全体想工作的人们的上岗工作需求，是造成人类社会失业的总根源之一。

人类社会的在岗劳动贡献还只是社会的劳动贡献的一部分，人类还有巨大的、永无止境的非在岗的劳动贡献潜力，这种潜力需要与之相适应的无穷的劳动报酬支付能力来挖掘。

（2）货币劳动报酬支付体系容易导致通货膨胀等经济危机

货币劳动报酬支付使劳动报酬与产品的成本之间产生了关联性，这种关联性不仅限制了劳动报酬的支付能力，还为产品成本的波动传导和通货膨胀创造了条件。因为社会为了增加劳动报酬、提高社会福利、增加就业，常常就会多增加劳动报酬的支出、增加劳动成本，产品成本增加和流通货币的增加引发产品价格的连锁上涨，最终有可能演变成通货膨胀、金融危机等经济危机。

（3）货币劳动报酬支付体系为人类犯罪打开了方便之门

货币劳动报酬支付是人类拜金主义产生的社会基础，为人类犯罪提供了动机；货币劳动报酬支付体系使人们可以轻易地将各种物品转化为货币、为人类开创了无穷的收入通道，为人类非法获取财富提供了方便条件，降低了社会的安全感。

四、货币的消亡

货币是人类社会早期、信息科技不发达时代的骄子。但随着人类社会的发展、特别是信息科技的提高，货币的弊端逐渐被显露出来，最终导致货币被取代而消亡。

1. 信息网络科技的发展为货币的消亡拉开了序幕

信息网络科技的高水平发展为国家通过资源供求信息直接配置生产资源、满足产品供求关系、取代市场产品交换机制满足产品供求关系提供了可能，即人类可以利用发达的信息网络科技直接科学地调配生产资源满足人类的需求，从而使原始的货币的产品交换功能失去作用。

信息网络高科技将取代以货币为中心的市场经济发展模式，创立以信息为中心的国有制经济发展模式，使货币退出生产领域。

2. 消费金的发明将宣告货币的最终消亡

货币在劳动支付、生活消费领域的作用也将被消费金的诞生而被取代，使货币退出生活消费领域。在本章的后面章节中将会看到，消费金的完美表现将会给予货币最后的致命一击：宣告货币的最终消亡。

第二节　劳动贡献评价体系

在介绍消费金支付系统之前，很有必要先介绍一下劳动贡献评价体系，因为劳动贡献评价体系是消费金支付体系的基础。

劳动贡献评价体系是指对一个人对社会的劳动贡献进行科学、公正评价的社会机制，包括劳动贡献评价法规和标准的制订方法、程序、机构，劳动贡献评价的执行机构、劳动贡献的统一度量指标、劳动贡献评价的纠纷仲裁等具体内容。劳动贡献评价体系是非常重要的，如果一个国家没有一套科学的劳动贡献评价体系，就不能保证社会公平分配。

一、现有劳动贡献评价体系存在的问题

现代社会还没有建立一套完整的劳动贡献评价体系，对人们的劳动贡献的评价方式可以说是五花八门，各单位、部门各自为阵，没有法定的、完善的、统一的规范，基本上处于支离破碎状态，还不成体系，破碎的评价体系还存在如下问题：

1. 价值评价指标为核心

由于社会没有一个统一的劳动贡献评价指标，人们不得不借用利润、产值、工资、资金等价值指标对一个人的劳动贡献、产品表现好坏进行评价。价值指标评价明显是一种很不全面、不公正的评价指标。

2. 上级评价机制

上级评价机制是指某个人的工作好坏、某个产品的好坏、一个人工作的贡献大小的评价常常是以上级领导的评价意见为主。这种评价机制不仅很不公正，还常常是导致腐败的诱因之一。

3. 评奖评价机制

评奖评价机制是指通过大众选举、评委评奖的方式来评价一个产品或一个人的贡献大小。该机制评价涉及的范围小，不能对每个人、每个事物

的表现进行具体的评价。

二、科学、公正的劳动贡献评价体系

科学、公正的劳动贡献评价体系必须是建立在民主政治基础上的劳动贡献评价体系，没有民主政治为社会基础的劳动贡献评价体系是不可能成为科学的劳动贡献评价体系。具体来说，科学的劳动贡献评价体系是由下面几个部分组成的：

1. 民主法制为基础的劳动贡献评价体系

（1）独立、权威、专业、民主、高效的劳动贡献评价方法、标准、法规的制订机构

主要是指进行评价的依据。

（2）独立、权威、专业、民主、高效的劳动贡献评价执行机构

负责组织、实施对某个人的具体的劳动贡献进行评价。

（3）独立、权威、专业、民主、高效的劳动贡献评价纠纷仲裁机构

每个人都有权针对劳动贡献评价执行机构做出的评价意见提出异议，并可以向劳动贡献评价纠纷仲裁机构提出评价仲裁申请。仲裁纠纷的失败方应承担相应责任。

（4）独立的劳动贡献评价纠纷咨询机构

在个人提出仲裁申请前，可以先向劳动贡献评价纠纷咨询机构的专家进行咨询，并可以请其为纠纷仲裁的顾问。

2. 统一的劳动贡献度量指标——劳动贡献指数

数控经济学认为，一个科学的劳动贡献评价体系应该有一个统一的度量指标来统一度量人们对社会劳动贡献的大小，并把度量劳动贡献大小的指标称之为劳动贡献指数。

人们的劳动贡献指数可以分为二大类：工作岗位贡献指数和非工作岗位贡献指数。

（1）工作岗位劳动贡献指数的计算方法

工作岗位贡献指数是指在签订工作合同岗位上做出的合同范围内的社会贡献。工作岗位贡献指数的考核依据是岗位工作合同和国家的相关法规。工作岗位劳动贡献指数可以按如下计算公式得出：

岗位劳动贡献指数 = 岗位基本贡献指数 × 工作质量（效果）系数 × 工作负荷系数 × 工作时间

其中：

A. 岗位基本贡献指数

岗位基本贡献指数是根据如下方法确定的：先根据上岗对所需的知识和经验的深度和广度的要求条件、对个人身体素质的要求条件、对工作环境的恶劣程度和危险程度的评估，国家要确定每个工作岗位的基本贡献指数；再根据某个岗位实际的岗位竞争度（有上岗资格证的报名竞争的人数与实际需求的上岗人数之比）的大小逐渐调整基本贡献指数（岗位竞争度过大则适当降低岗位的基本贡献指数，岗位竞争度过小则适当升高岗位的基本贡献指数），使该岗位的岗位竞争度保持在国家规定的合理区间内为止。

岗位基本贡献指数通常表示为劳动贡献指数与工作时间之比，即单位时间内所做出的劳动贡献指数。

（注意：国家颁发的上岗资格证是证明某个人通过了某个工作岗位所需要的知识能力和身体能力的考核，并且，每个上岗资格证都是有时效性的）

B. 工作质量系数

工作质量系数是由国家专门的工作监督、考核机构组织相关人员（与被考核者的工作有关系的人）根据国家考核法律和工作质量标准、工作合同要求对某个岗位工作人员的工作质量进行考核后得到的参数。

C. 工作负荷系数

工作负荷系数是指因为客观因素导致其实际工作负荷出现大小变化的参数，比如，有的工作岗位因为天灾人祸等原因导致其工作负荷有时大、有时小。

D. 工作时间

工作时间是与基本贡献指数相对应的时间参数，可以是小时、天、月等单位。在某个工作岗位工作的时间越长、其对社会的贡献也就越大。

（2）非工作岗位的劳动贡献指数的计算方法

非岗位工作贡献指数是指在自己工作岗位合同之外做出的社会贡献指数。任何人只要自认为对社会做出了工作合同内容范围之外的有益于社会的事情都可以申请获得国家的非岗位劳动贡献指数的奖励。比如，从事非合同范围内的科学研究和文学创作，检举、揭发坏人坏事，监督、投诉不干事和不尽责的人，业余提出立法草案、提合理化建议，报告社会隐患、错误和问题，见义勇为的事件，等等。

非岗位劳动贡献指数通常采用按次计算法，即国家根据相关法规和标准具体针对某一事件对社会的劳动贡献进行考核、评估后给予相应的劳动贡献指数。

影响某个事件对社会劳动贡献指数评价的主要因素有：劳动贡献的影响范围大小、影响的时间长短、做出贡献的难度系数（需花费的时间、需要的知识深度和宽度、对身体素质要求的松紧度、付出努力的程度等等），国家要制订相应的评价和计算标准。

3. 劳动贡献的申报方式

（1）法定单位申报

对于签订了工作合同的劳动者的劳动贡献指数的评定，由国家法定的考核评价机构负责申报、评定。

（2）个人申报

数控经济学规定：任何自认为做了有益于社会的事情的都可以自行向劳动贡献鉴定机构申报劳动贡献的评价与认定，并可要求获得相应的消费金为自己的劳动报酬。这样有利于调动人们做好事的积极性。

（3）追加申报

由于受历史条件的限制，某个人的劳动贡献大小在当时看得还不是很清楚，导致其劳动贡献的鉴定不是很准确，但随着历史的发展，有些工作贡献的大小就越来越清楚，因此可以采取追加申报的方式对过去的劳动贡献进行追加评价和申报。

追加申报劳动贡献指数有二种方式：一是国家有关机构有一个定期重新评价劳动贡献机制，该机制由国家一个专门的机构负责对过去比较重要的劳动贡献进行定期筛选、评估审核，对曾经低估、低评的劳动贡献进行追加；二是个人申请追加申报，任何个人都有权力对自认为低估、低评的劳动贡献提出追加劳动贡献指数的申请，但这种申请是有时间限制、次数限制的，因为重新评估是需要耗费国家资源的。

4. 科学的劳动贡献评价的要点

（1）民主与法制

民主与法制是科学的劳动贡献评价机制的基础，以保证每个人的劳动贡献评价过程的公开透明，实行民主决策、民主评价。

（2）全方位的评价

全方位的评价机制是指对一个的劳动贡献的评价不只是上级对下级的的单向的评价，而是一种全方位的评价，由考核评价机构牵头，有多方人员参与的评价，包括：上级对下级、下级对上级的评价；服务对象的评价；合作同事的评价；专门监督机构的评价，等等。

（3）法定评价标准和证据

国家要制订清晰、明确、细化、全面的法定评价数据和标准。国家监督部门要及时收集、保存、调查、整理的原始数据和资料，为各方对劳动贡献的评定意见提供评价依据。

（4）长期评价和短期评价相结合

短期评价是指某项工作完成时或完成后短时期内及对某个人的工作业绩贡献进行的评价，长期评价是指工作完成后相当长一个时期后（也许是一年、三年、五年、十年、二十年或更长时间对一个人的工作业绩和劳动贡献进行评价。

有时短期评价时难以进行全面客观的评价，因为有些工作业绩贡献在短时期内的效果无法充分体现。因此，需要短期评价与长期评价相结合。比如：有投票决策权的人参与支持了某项决策，当时难以判断对错，只有后来通过事实才能证明其支持的决策是否正确；某个人的发明创造在完成时就可能给予一个短期的评价奖励，其发明带来的社会效益就应该过后定期进行评价和奖励。

第三节　消费金劳动报酬支付体系

一、消费金的基本概念

1. 消费金的定义

消费金是个人生活消费金的简称。

消费金的定义：消费金是国家根据劳动者对国家做出的劳动贡献指数

发放给劳动者用于购买个人生活消费品的权证。

从消费金的定义可以看出，消费金具有双重身份：一是国家购买人个劳动贡献（支付劳动报酬）的凭证（发票），二是个人购买消费品的权证。简单地说，消费金是个人出卖劳动贡献的凭证和购买生活消费品的权证，是劳务与生活消费品进行交换的媒介。

货币经济灭亡后，在生产领域不再需要货币充当产品交换媒介，国有制经济体用消费金取代货币在劳动报酬支付领域（生活消费领域）的媒介作用，因此，消费金是货币和货币经济灭亡后的必然产物（货币经济是指利用货币的产品交换媒介功能进行生产与消费的经济模式的统称）。

2. 消费金的形态

消费金是国有制经济和社会信息化的产物，其形态只有一种，即消费金是以电子权证的形态出现的，类似于现在的电子货币。但与电子货币不同的是，电子消费金只能购买高级生活消费品。

在每个人的电子化的社会档案中都有一个消费金帐户，其消费金帐户中包含全部的消费金发放、扣减的具体电子数据记录。

只要在国家信息网络系统上输入个人身份验证信息后，每个人的消费金帐户信息状态便可一目了然。

当某个人通过付出劳动、对社会做出了某种贡献并被社会有关部门考核认可以后，在其消费金账户上就可以增加相应标准数量的消费金；当某个人购买了某种生活消费品以后，在其消费金账户上就会扣除相应数量的消费金；当某个人的消费金帐户上没有生活消费金后，他就没有权力购买非基本生活消费品，只能申请免费的基本生活消费品。

3. 消费金的功能属性

（1）权证性

消费金是一种生活消费权力的证明文件，谁的消费金数量越多，谁在生活消费品的消费领域内的消费权就越大，谁就越有可能获得自己想要的生活消费品。

个人消费金帐户上的消费金存量代表了其在消费竞争中的权利大小。

（2）唯一性

消费金的唯一性是指消费金帐户的唯一性和消费金来源的唯一性。

一个人一辈子只有一个几乎是终身不变的消费金帐户号码，这个号码与一个人的出生之日起便拥有的、终身不变的身份证号码、个人社会档案号码、个人生理医疗档案号码完全相同。

消费金来源的唯一性是指每个人的消费金帐户上的消费金的来源只有一个渠道——国家劳动贡献考核、评介与消费金发放机构，即使个人之间互相赠送消费金也必须通过国家消费金发放机构的审核、备案后再可以转账。

消费金的唯一性可以保证消费金的清白和荣誉。

（3）记帐性

消费金只具有记帐性，无周转流通属性，也不需要回笼，它随着人们的劳动贡献的增加而增加、随着生活消费品的购买而减少，即无投资功能、也无利息收入功能，消费金的收入也无需交税（在数控经济体系，国家没有税收机构）。

（4）非生产性

消费金不用于计算产品的生产成本，不在生产领域内进行产品交换和流通，只在生活消费领域发挥媒介作用，使劳动报酬与生产的劳动成本相分离，从而使消费金完全独立于生产领域之外。

（5）无限性

由于消费金的发放只与人们的劳动贡献大小相关，当劳动贡献标准与消费金的发放标准确定后，人们的劳动贡献有多大，消费金的数量就可以有多大，其他没有任何的限制，即消费金的发放量是不受任何数量限制的，它可以根据人们劳动贡献的大小无限制地供给。

（6）荣誉性

消费金是人们对社会贡献的一种数量体现，是一种社会荣誉的象征。在劳动贡献评定标准和消费金发放标准不变的情况下，一个国家的消费金的发放量是与人们对国家做出的劳动贡献成正比的。一个人通过自己的劳动获得的消费金越多，就表明其对社会做出的贡献就越大，所以消费金收入是一个人荣誉的体现。

4. 消费金的发放与消费程序

消费金的发放与消费程序如下图所示：

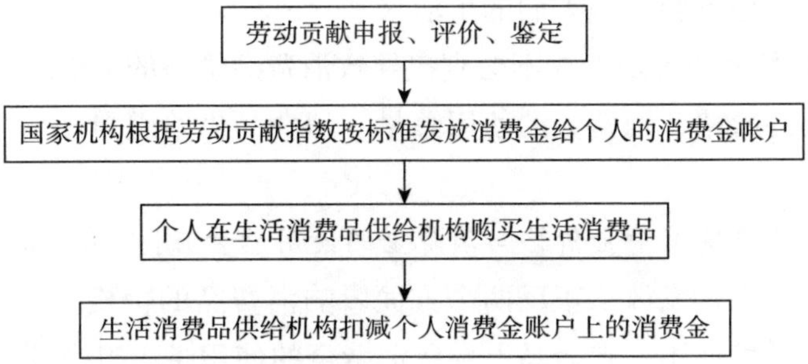

二、消费金劳动报酬支付体系的优越性

消费金劳动报酬支付体系简称消费金付酬法。由于消费金的独立性和非生产性，消费金不必像货币一样因为其发放量太多而干扰生产领域的计划安排、干扰市场上的产品价格，使消费金的发放量不受任何限制，从而使消费金付酬法具有了无穷支付能力的魔法。具体来说，消费金付酬法具有如下优越性：

1. 消费金付酬法从根本上消除了通货膨胀

流通货币的大量发放会导致货币经济产生严重的通货膨胀和经济危机，而消费金付酬法却不会，主要原因如下：

（1）消费金的大量发放不会影响产品的生产成本

由于消费金的非生产性，消费金不是产品生产成本的核算单位、核算指标，也不是劳动成本的核算指标，只是国家付给个人劳动报酬的凭证和个人消费的权证，即使由于消费金的大量使用导致生活消费品的价格变化，也不会产生价格传导效应，更不会引发价格连锁反应，最终产品的消费金价格的变化不会影响生产品的价格变化，所以不会引发通货膨胀。

（2）消费金的大量发放不会降低人们的生活水平

一个社会的生活水平可以用人均占有（或消费）了多少生活消费品来表示，即：

社会生活水平 =（生活消费品的供给总量）/（人口总量）

从以上公式中可以得知：社会的生活水平只与消费品的供给总量和人口总量相关，而消费金的发放量与生产领域没有关系，因此，与社会的供给总量也是没有关系的，所以，消费金的大量发放虽然可能会影响消费品的价格变化，但不会影响人们的生活水平。

（3）消费金的大量发放不会直接导致消费品价格的上涨

消费品的价格、消费金的使用总量、消费品供给总量三者之间有如下关系：

消费品的平均消费金价格＝消费金的使用总量/消费品的供给总量

消费金的大量发放从正反两个方面影响消费品的价格：一方面，虽然消费金的大量发放不一定会马上导致消费金的使用量上升（消费金使用量上升的直接因素是消费意愿），所以不一定会马上使消费品的价格上升，但却是会使未来某个时间段消费金使用量上升的一个因素；另一方面，消费金的大量发放，表明人们对社会做出的劳动贡献增加了很多，人们的增多的劳动贡献必然会在未来某个时间段使消费品的供给总量增加，从而可以导致消费品的价格下降。

另外，即使万一出现了消费品价格的上涨现象也只是短暂的和无害的，不会引起产品价格变动的连锁反应，也不会导致人们的生活水平下降。

2. 消费金的发放量不会影响财富分配的公平性

在非货币经济社会里，人类拥有的唯一财富就是消费金，或者是消费权。消费金发放总量的变化只表明人类平均对社会贡献总量的变化，并没有改变消费金发放的规则和标准，因此，消费金的发放总量不会改变人类的财富分配标准，更不会像货币的大量发放使人们的财富进行重新分配。

3. 消费金的大量发放不会使消费金和劳动双“贬值”

由于消费金的发放标准只与人们的社会劳动贡献标准挂钩，只要消费金的发放标准不变，劳动贡献的评价标准不变，消费金和劳动的比值就永远不会发生变化，谁都不会出现“贬值”的现象。

4. 消费金付酬法为社会的充分就业提供了充足的支付能力

在货币经济社会，一方面存在着大量的隐形或显形的失业人口，一方面却充斥着“人手不够”的报怨；一方面有大量的产品剩余，另一方面社会却很需要那些所谓的“剩余产品”等。支付体系的矛盾性，尤其是货币劳动支付体系的有限性是导致社会不能充分就业的主要原因。

由于消费金支付劳动报酬法具有无限的支付能力，可完全满足人类充分就业对支付能力的巨大需求。

5. 消费金付酬法可满足人类非岗位劳动贡献所需的无穷支付能力

人类的劳动能力和创造能力不仅表现在就业的工作岗位上，人类还有很多非就业岗位的劳动能力被浪费，比如：还有很多有部分劳动能力的人们被排除了就业的人口范围，很多人在合同工作范围之外还有大量的精力想从事自己感兴趣的工作，等等。只有消费金付酬法才能满足人们发挥余热、满足人们从事业除研究、业除爱好、激发人们无穷创造力的大量非岗位工作需求。

6. 消费金付酬法清除了涉财犯罪的土壤

货币收入方式的多样性（劳动收入、资本收入、产品收入、意外收入、灰色收入、非法收入等等）和货币收入渠道的多样性（他人支付、企业支付、政府支付等等）为人们的涉财犯罪提供了保护色和合适的土壤，要查清每个人的收入是否合法几乎是不可能的事情。

消费金劳动收入的唯一性和支付机构的唯一性使每个人的收支状态清晰可查、一目了然，从而斩断了涉财犯罪的通道，消除了涉财犯罪的土壤，消除了涉财犯罪的可能性，提高了社会的安全性和生活幸福感。

第三章　价格平衡原理

价格平衡原理是指：国有制经济应通过调节高级生活消费品的消费金价格的方式调节高级生活消费品的社会需求，使个人高级生活消费品的供求关系保持平衡。

保持产品的供求平衡是制订经济方案、进行经济调控的核心。国有制经济体系可以针对不同的产品（基本生活消费品、高级生活消费品、公共服务产品、生产品）采取不同的供求平衡调控方法：基本生活消费品是根据国家制订的基本需求标准制订基本需求品供给方案（以需定供、保障供给）；公共服务产品则是根据国家发展规划制订公共服务产品的供给标准以满足社会的需求（以供定需）；生产品的供求平衡是根据生产方案的供求关系用计算机平衡匹配系统进行测试后再确定生产品供求方案，因此，生产品的供求平衡是有保证的；个人高级生活消费品的供给是按照国家规划和生产方案提前确定的（在短期内的供给是不可调的），个人高级生活消费品的需求是可以通过消费金价格进行调节的，高级生活消费品的供求平衡是通过价格调整高级生活消费品的需求使其供求保持平衡，这种供求平衡方法就是本章将要介绍的方法——价格平衡调控法。

第一节　个人高级生活消费品的供求平衡的基本概念

一、个人高级生活消费品的“供给”与“需求”的基本概念

1. 个人高级生活消费品的“供给”

(1) 供给的定义

供给是指国家既定的经济方案中某个时间段直接面对某个区域的产品供给量。比如：面对国内消费者的国内供给，面对国外消费者的出口

供给。

（2）产出的定义

产出是指国家在某个时间段所生产的产品数量。

（3）高级生活消费品的供给与产出的关系

在一个经济开放的国家，当产出大于国内供给时，供给与产出有如下关系式：

产出 = 国内供给 + 出口供给

在一个经济开放的国家，当产出小于国内供给时，供给与产出有如下关系式：

产出 = 国内供给 − 进口供给

（4）供给有更严格的时间属性

相同的产品，可以有相同或相近的产出时间，但可以有不同的供给时间，从而产生不同的“供给”，即供给与需求是有严格的时间匹配性。比如：夏天生产出来的西瓜，秋天才卖给消费者的西瓜“供给”与冬天卖给消费者的西瓜“供给”是两种不同的“产品供给”，可以简称为夏天西瓜供给、冬天西瓜供给，二者有不同的成本；上午提供的美容服务的产品“供给”与晚上提供的美容服务的产品“供给”也是二种不同的产品“供给”。

（5）供给有严格的地区属性

供给通常都有明确的地区属性，比喻，面向国外的供给、面向国内的供给、国内某个特定地区的供给。因地区交通阻碍、环境的差异导致产品不能完全自由流动都可能带来不同的产品供给。

（6）供给的不可调性

国有制经济的高级生活消费品的供给是按照事先预订的生产方案确定的，具有很大的刚性，是不能通过消费金的价格来自动调节的。由于生产方案的供求关系也是提前确定的，各单位的供给只能在不改变外部供求关系的前提下进行内部的小微调，即只能在某个时间段内进行对供给的时间参数进行调整，比如：一天的总供给量不变，但一天以内的供给时间和供给量的分配可以进行适当的调整。

2. 高级生活消费品的“需求”

（1）高级生活消费品的需求定义

高级生活消费品的需求定义是指在某个时间段内、在一定的价格水平下消费者对某个高级生活消费品的需求量。

（2）高级生活消费品的基本特性

高级生活消费品有一个非常明显的基本特性——对价格敏感，即价格敏感性。因此，可以通过调整高级生活消费品的消费金价格对其产品的需求量进行调整。

二、高级生活消费品供求平衡的判断方法

1. *库存判断法*

库存判断法是专门用于对某种一次性高级生活消费物品的供求关系进行判断的一种方法。

库存判断法是指在某个地区（或国家）、在某个确定的合同供给量的前提下，根据该地区（国家）销售供给部门（不是国家物品储存部门）的某个高级生活消费物品的库存大小来判断该地区该高级消费物品的供求平衡关系的方法，即：当某个地区销售供给部门的某个高级消费物品的库存高于（或低于）某个高值（或某个低值）时，表明该地区该高级消费物品的供给大于（或低于）需求；当某个地区销售供给部门的某个高级消费物品的库存位于某个高值与某个低值之间时，表明该地区该高级消费物品的供给与需求保持平衡。

（需要强调注意的是：1 此处的库存必须是指国家销售供给部门的销售库存，而不是国家物质储存部门的库存。国家物质储存部门的库存分为二种：一种是应对意外事件发生时的紧急需求的战略物质库存，该库存通常是比较稳定的；另一种是间断性（季节性）大量产出、连续性小量供给的高级消费物品的物质的库存，比如，季节性水果的库存，此类库存是保持单调下降的；销售供给部门的库存则是可以有一定波动的、保持动态稳定的一种库存。2 国家全部高级消费物品均实行统一配送、根据供求关系自由流动，国家物流机构可以保证使各地物品销售供给部门的库存大致相同，以保证一个国家的物品供求关系保持基本上的一致。）

2. *负荷判断法*

服务产品具有很强的“个性”（服务产品具有很强的地方特色、很强的差异性，几乎没有绝对相同的服务产品）和非储存性（服务的产出与供

给是同时的、是恒等的），因此，服务产品的供求关系的判断只能对每一个具体单位进行分析、判断，不能像一次性物品那样可以对整个地区的某种物品的供求关系进行整体判断。比如，住房服务产品，住房产品是一个与居住环境密切相关的一种产品，即使二个设计图纸完全相同的宾馆、采取的是完全相同的管理模式，但由于所处地点的不同，最后也会产生二个不同的住房服务产品。

负荷判断法是专门针对某种高级消费服务产品的供求平衡关系进行判断的一种方法。所谓“负荷”是指某个服务产品的生产单位在某个时间段的实际产出指标与生产方案预定的产出指标之比。比如：某个酒店的某个时间段的生产负荷等于该酒店在某个时间段的实际入住率与法定承包方案中确定的入住率之比；某种高级服装的生产负荷等于该服装的实际出租率与法定生产方案保证的出租率之比，等等。

负荷判断法判断高级生活消费品是否供求平衡的具体方法如下：

当某个高级消费服务生产单位的生产负荷达到法定生产方案确定的生产负荷范围内时，我们称之为该服务生产单位的产品处于供求平衡的状态；当某个高级消费服务生产单位的生产负荷低于法定生产方案确定的负荷范围时，我们称该服务生产单位的产品处于供大于求的状态；当某个高级消费服务生产单位的生产负荷高于法定生产方案确定的负荷范围时，我们称该服务生产单位的产品处于供不应求的状态（法定生产方案是指通过招标承包竞争、平衡匹配、签订生产承包合同等法定程序后最终确定的生产方案，比如：假设某个酒店的法定生产方案确定的有效产出范围是入住率在91%～95%，某种高级服装的法定产出方案确定的产出范围是出租率在80%～90%等）。

第二节　个人高级生活消费品供求平衡的具体调控

个人高级生活消费品供求平衡的调控主要是依靠个人高级生活消费品的需求对价格的敏感性，通过调整高级生活消费品的价格使高级生活消费品的需求量发生变化，使高级生活消费品的需求量接近或等于高级生活消费品的供给量，从而达到供求平衡之目的。由于具体的价格调控方法则因不同的高级生活消费品而有所不同，因此，我们应该首先了解高级生活消费品的分类，再了解具体的价格平衡调控方法。

一、高级生活消费品的分类

（一）按产品属性分类

1. 个人高级生活消费物品

（1）一次性高级生活消费物品

A. 食品

B. 一次性（非耐用性、易耗性）高级消费用品（香水、高级纸巾、护肤用品、化妆品，等等）

（2）个人耐用高级生活消费物品

个人耐用高级生活消费物品通常是指为个人专门订制的高级消费耐用品（高级近视眼镜、高级义齿、高级义肢、高级特殊服装等等）。

（由于数控经济学将私有制经济的耐用高级生活消费品归纳为能够提供生活消费服务的生产资料，比如：住房、汽车、高级耐用服装、钻石饰品、钢琴等等，都变成了能够提供租赁服务的生产品，不属于最终产品的范围，因此，数控经济学界定的个人耐用高级生活消费品的品种数量很有限。）

2. 高级生活消费服务

（1）高级衣着美容美发化妆服务

高级服装用品的租赁、洗烫、消毒、修补、送取；美容、美发、美体、按摩、美妆及咨询等。

（2）高级饮食服务

提供高级食品的加工、餐饮服务及高级就餐环境服务。

（3）高级住房服务

提供高级住房及住房用品的租赁、清洁、维护、保养。

（4）高级旅行服务

提供高级旅行服务或高级旅行工具的租赁。

（5）高级精神服务

A. 风景名胜观光服务

B. 现场表演服务

C. 网络视频欣赏娱乐服务

D. 现场参与式游戏娱乐服务

E. 现场体育健身娱乐服务

（二）按供给方式分类

1. 连续供给高级生活消费品

连续供给高级生活消费品是指连续供给或定期供给的相同的高级生活消费品。此类消费品又可以分为如下两类：

（1）连续供给高级生活消费物品

比如大批量产出或连续产出、连续供给的食品、一次性用品等等。

（2）连续供给高级生活消费服务

高级餐厅的座位、酒店的房间、服装的租赁等。

2. 非连续供给高级生活消费品

非连续供给高级生活消费品是指产出量稀少或产出不定期的高级生活消费品。

比如：某种非常稀有的食品、名额稀少的旅行团、某次比赛的门票、某个特殊节日的表演门票，等等。

二、连续供给高级消费品的供求平衡调控

1. 连续供给高级生活消费物品的供求平衡调控

连续供给高级消费物品供求平衡的判断与调控所采用的方法是库存调控法，具体可按如下方法进行：

当某个地区（国家）的销售供给部门的某个高级生活消费物品的库存高于某个高值时，国家销售供给部门就会自动逐步降低该高级生活消费物品的销售价格，使该地区对该高级生活消费物品的需求上升，直到该地区销售供给部门的该物品的库存低于某个高值为止；

当某个地区（国家）的销售供给部门的某个高级生活消费物品的库存低于某个低值时，国家销售供给部门就会自动逐步升高该高级生活消费物品的销售价格，使该地区对该高级生活消费品的需求下降，直到该地区销售供给部门的该物品的库存高于某个低值为止；

当某个地区或某个国家的销售供给部门的某个高级生活消费物品的库存位于某个高值与某个低值之间时，表明该地区该高级消费物品的供给与需求保持平衡，则国家销售供给部门应该保持目前的销售价格不变。

2. 连续供给高级生活消费服务的供求平衡调控

因为生活消费服务的消费行为是有时间性的，预订消费模式可以减少消费服务资源的浪费，数控经济学认为，国有制经济体系的可连续供给的生活消费服务应该采用预订消费模式，通过预订消费服务的价格调节使高级生活消费服务的供求保持平衡。调控所采用的方法是预订价格负荷调控法，具体可按如下方法进行：

当某个高级生活消费服务产品的销售进入预订期后，国家会根据以往的该消费服务产品的销售价格确定该消费服务产品一个最初的预订销售挂牌价格，然后国家会根据预订期的剩余时间和预订率的高低情况对预订销售挂牌价格进行调整，以保证在预订期结束时，该消费服务产品的预订率正好处于法定生产方案确定的有效产出范围之内。

比如：假设酒店房间的预订期为 10 天，某个酒店某日有 100 个房间出租，那么这 100 个房可提前 10 天开始开始接受预订；根据以往的价格平均水平，国家将最初的预订挂牌价格定为 200 元/天；如果预订期过了 10%（即过了一天）后，如果该酒店的预订率达到了 10%，那么，其预订价格保持不变，如果其预订率超过（或低于）10%，那么，国家要相应调高（或调低）则要降低预订挂牌价格（每次调价格的幅度以尽可能使预订期超过时间的百分比与预订率的百分比相同为目的）；如果预订期超过了 50%（即过了 5 天），其预订率不足（或超过）50%，则国家要相应调低（或调高）预订挂牌价格，以尽可能在后续的预订时间内使预订期超过时间的百分比与预订率保持同步增加。

三、非连续供给高级消费品的供求平衡调控

非连续供给高级消费品的供求平衡调控采取的消费方式是竞价平衡调控法。竞价平衡调控法有二种：

1. 出价竞争预订调控法

出价竞争预订调控法是指：在预订期出价预订某个高级生活消费品，

等到预订期结束后，根据价格优先、时间优先的原则确定预订成交者和成交价格。比如某个节日、某个高级饭店的包房预订，假设预订结束期为该节日的前一天，在预订期结束时，谁出价预订的价格高谁就是成功的预订者。

出价竞争预订调控法允许进行无底价预订或以负价格预订竞价，负价格预订是指要给予预订者一定的消费金奖励的一种预订消费方式。

出价竞争预订调控法主要是针对非定期批量产出的非连续供给高级生活消费品而采用的一种平衡调控法。比如：某种比赛表演的门票。

零价格或负价格预订是为了避免某些必要的比赛表演的门票无人出价购买、但比赛表演又很需要现场观众鼓励的比赛门票销售，比如：水平较差的二支球队之间比赛的门票销售，小朋友比赛的门票销售，等等。

出价竞争预订调控法将彻底消灭有大量人想看表演、但由于价格原因导致的表演现场出现大量空座的浪费现象。

（注意：预订成功的消费者不能无故取消预订，也不能无故不执行预订消费，否则将受到国家有关部门的相应惩罚；有合法理由取消预订的消费者应按法律规定提交取消预订的证据；因取消预订而剩余的消费品则重新进入预订通道，进入补充预订环节。）

2. 拍卖竞价调控法

对于唯一的高级生活消费品，国有制经济采取的平衡调控方式是拍卖竞价法。在国有制经济社会里，是不允许出现高级生活消费品流拍的浪费现象的发生，因此，拍卖竞价是无底价拍卖，拍卖可以从两个方向进行拍卖：当起拍价有多人竞价时，可以采取逐步加价拍卖的方式；当起拍价无人竞价时，可以采取逐步减价拍卖的方式。

第三节　高级生活消费品的价格

一、高级生活消费品的价格分类

1. 自动挂牌价格

国家根据连续供给高级生活消费物品销售供给机构的库存或高级生活

消费服务供给单位的生产负荷自动调整高级生活消费品的挂牌销售价格使高级生活消费品供求关系保持供求平衡时形成的高级生活消费物品的销售价格称之为自动挂牌价格。

自动挂牌价格由国家设计好的程序在一个正常范围内的自动浮动定价。

例一：假设国家设定某种高级生活消费物品在销售供给部门的最高库存值为G，最低库存值为D，当该高级物品的库存值大于G时，国家销售供给部门的计算机销售信息系统会按照设计好的程序自动下浮一档挂牌销售价格，如果在某个时间段内该高级物品的库存仍然没有降低到G点以下，计算机销售信息系统还会自动下浮一档挂牌销售价格，直到某个时间段内该高级物品的库存低于G点，否则，该降价过程将一直持续下去；当该高级物品的库存值低于D点时，国家销售供给部门的计算机销售信息系统会按与大于G点时操作相反的模式操作，直到该高级物品的库存高于D值；当国家销售供给部门的库存位于G值和D值之间时，国家销售供给部门的计算机销售信息系统会保持挂牌价格不变。

例二：某个高级酒店的客房租住的挂牌销售价格可以根据预订期剩余时间和预订率之间保持同步关系的目标而制订客房的挂牌销售价格的自动浮动程序。

2. 竞争预订价格

出价竞争预订销售模式对减少大量生活消费资源的空置浪费功不可没。通过出价竞争预订形成的价格称之为竞争预订价格。

竞争预订价格可以导致同一种产品可能有不同的价格，有时会出现零价格产品，甚至会出现负价格产品。

3. 拍卖价格

通过拍卖竞价交易形成的产品价格称之为拍卖价格。

4. 复合消费价格

复合消费价格是指国家对两种消费行为进行综合结算时产生的消费价格称为复合消费价格。比如，在某个高级餐厅进行消费时的产品消费价格就是由餐厅的服务价格（服务人员、厨师等餐厅工作人员的服务成本、就餐环境服务）和食材（主食材、辅助食材、调料）价格组成的。服务的价格是通过座位预订竞争过程形成的预订竞争价格，而每种菜品所需要的原料、配料、辅料、调料等食材的价格则是根据其产品的库存大小自动调节形成的挂牌价格。

一种产品的价格按两个价格体系分别计价，最后相加形成一个复合价格。

二、高级生活消费品的价格功能

1. 货币经济体系中的货币价格的功能和特性

（1）产品价格与产品成本挂钩

（2）为了追求利润最大化，可以浪费一定的供给能力为代价

（3）在客观上有一定的保持供求平衡的能力

2. 国有制经济体系中的消费金价格的特性和功能

（1）消费品的价格与成本无关，只与供求关系相关

（2）主观上是为了调节需求使供求关系保持平衡、避免供给浪费

（3）方便消费者行使消费权力，按劳分配高级生活消费品

第四章　产品需求强度评估原理

产品需求强度评估原理是指：国有制经济体要建立一整套产品需求强度评价体系，对每一种社会产品的需求强度进行科学的定量评估，为国家制订产能增减规划、新产品的研发、合理分配社会资源提供科学依据。

在私有制市场经济体系，企业生产决策的依据是利润，利润最大化是市场经济企业决策的依据。虽然未来的利润判断是件很困难的事，但市场经济总有一个勉强可以依靠的决策依据。

但是，没有了市场机制的国有制经济体的决策依据又是什么呢？计划经济进行决策的依据仍然还是利润，只不过计划经济的利润计算不是通过市场买卖机制获取的利润，而是根据产品具有的所谓的“真实价值”、通过“计划安排”实现的利润。

由于国有制经济体系中的“产品的真实价值”的计算是一个没有解决的问题，实际上，计划经济的决策依据是长官意志。

那么，国有制经济体系有没有一个科学的决策依据呢？数控经济学给出的答案是：产品的需求强度是国有制经济决策的最重要的科学依据。

数控经济学对产品需求强度的定义是：产品的需求强度等于产品的好评度与其产品的资源成本之比；当产品的资源成本无法度量时，则产品的需求强度等于产品的好评度。

设：产品的需求强度为 P，产品的好评度为 H，产品的资源成本为 C，则有如下产品需求强度的公式

$$P = H/C$$

（不同种类的产品有不同的好评度 H 指标，有的产品的好评度是指产品的价格、有的是指产品的满意度、支持度、喜爱度等等，通常产品的好评度是指产品受到社会的正面评价大小）

当产品的资源成本 C 无法确定时，则 C = 1，产品需求强度公式为

$$P = H$$

第一节　产品需求强度的科学评价方法

产品的需求强度的评估方法会因社会经济环境的开放或封闭而有所不同，所以产品需求强度的评估要根据经济环境开放程度的不同而分别加以叙述。

一、封闭社会的产品需求强度评估方法

封闭社会是指一个社会的产品进出口数量很小（产品的进出口对社会生产的影响可以忽略不计）的自给自足式的社会经济环境，是一个几乎只有国产产品的社会。封闭社会的产品需求强度的评估方法相对比较简单。

1. 最终产品的需求强度的评估方法和实际意义

最终产品分为个人生活消费品和公共服务产品，其中，个人生活消费品又分为个人基本生活消费品和个人高级生活消费品。

（1）个人高级生活消费品的需求强度的评估方法

个人高级生活消费品是需要通过支付消费金才可以得到的产品，因此，个人高级生活消费品的好评度就是该产品的消费金价格。

设：个人高级生活消费品的消费金价格为 J，该个人高级生活消费品的资源成本为 C，那么，该个人高级生活消费品的产品需求强度为 P，则有

$$P = J/C$$

（2）个人基本生活消费品的需求强度的评估方法

个人基本生活消费品是由国家根据个人基本需求标准由国家优先生产、免费供给的产品，都是社会必需品，其产品的需求强度是无限大，不需要再进行专门的评估。个人基本需求标准由国家根据国家的生产力发达水平通过专家民主决策程序决定，即：哪个社会群体可以免费享受哪些基本生活需求由国家的一个专门的机构通过民主决策的方式来决定。

（3）公共服务产品的需求强度的评估方法

公共服务产品的好评度是指国家民意调查评估机构通过科学民主的方

式对某项公共服务进行满意度调查后得到的满意度，设：某项公共服务的满意度为 M，该产品的资源成本为 C，该产品的产品需求强度为 C，则有

$$P = M/C$$

（4）最终产品需求强度的实际意义

最终产品需求强度的实际意义是具有产能增减的指导意义，即产品需求强度的大小与产品产能增减的大小具有极大的相关性。尤其是同一大类中的二小类产品需求强度之间的对比或同一类产品中的二种产品需求强度之间的对比更具有产能增减规划的指导意义；不同类的两种产品的需求强度之间的对比则没有产能增减的指导意义。

某种最终产品的需求强度越大，就表明该产品的产能需要增加的比例就越大；当某个产品的需求强度越小，说明其产能需要增加的比例就越小，甚至产能增加的比例为负值。

2. 中间产品（生产品）的产品需求强度的评估方法

数控经济学认为，对社会最终产品的需求强度进行评估的目的是为制订最终产品产能增减规划提供依据。中间产品的需求强度取决于社会最终产品的需求强度，一旦最终产品的需求强度确定后，最终产品的产能规划方案就可以确定了，从最终产品的产能规划方案就可以推导出中间产品的产能规划方案，因此，在一个封闭的经济环境中，中间产品的需求强度计算是无意义的。

3. 类产品需求强度评估方法和实际意义

类产品需求强度评估是指同等级的类产品之间的需求强度的比较评估。在产品的分类中，大类产品之下有小类产品，小类产品之下还有更小类产品，最后才是某种产品。数控经济学认为，只有对同等级的类产品之间的产品需求强度进行比较、评估才有实际的产能规划指导意义。比如：在生活消费类产品与公共服务类产品之间的类产品需求强度进行对比；在生活消费品分类之下的基本生活消费品类与高级生活消费品类之间的需求强度进行对比；在高级生活消费品分类之下的住房租赁服务类产品与衣着服饰租赁服务类产品之间的需求强度进行对比；在住房租赁服务类产品中某种住房租赁服务与另外一种住房租赁服务之间的需求强度进行对比；在公共服务类产品之下的国防安全服务类产品与环境安全保护类产品之间的

需求强度进行对比，等等。不能将某种住房服务产品的需求强度与某种国防安全服务产品的需求强度进行对比，因为这两种产品是不同类的产品。

（1）类产品需求强度的评估方法

类产品需求强度的评估方法称之为不满意度评估法，即通过公正的民意调查机构的调查报告后得到的对同级别的各类产品的不满意度就是各类产品的类产品需求强度。由于类产品的资源成本是无法具体核算的，因此，类产品的产品需求强度就等于某类产品的不满意度。人们对某类产品的不满意度越高，就说明人们对某类产品的需求强度越大。

类产品的需求强度评估不分开放社会和封闭社会，其评估方法都相同。

（2）类产品需求强度的实际意义

类产品需求强度具有类产品的产能增减和类产品的生产资源的投入增减的指示意义。某类产品的需求强度越大，说明社会对该类产品现状的不满意度越大，说明国家需要对该类产品的产能和生产资源的投入应该增加，使该类产品加快新产品研发、淘汰低需求强度产品产能、增加高需求强度产品产能的步伐，最终使该类产品的满意度升高、不满意度下降，使该产品的需求强度下降，从而使各类产品的需求强度保持在一个均衡的区间。

因此，国家在实际操作时，可根据类产品需求强度的高低，制订未来各时间段每类产品的资源投入增量比例的发展规划。

二、开放社会的产品需求强度评估方法

在一个经济开放的社会，大量产品的进出口贸易会对国产产品的供需关系产生影响：国产产品的需求强度不仅要受到国内需求的影响、还要受到国际上的需求影响；不仅要计算国产产品的需求强度，还要计算进口产品在国内的需求强度，因此，开放社会的产品需求强度的计算相对比较复杂一些。

1. 国产最终产品需求强度评估

（1）国产最终产品在国内的需求强度评估

在经济开放的社会，国产最终产品在国内的需求强度与在封闭社会的国产最终产品的需求强度的评估方法相同，在此不再赘述。

（2）国产最终产品在国际的需求强度评估

在国有制经济体系，如何判断某种国产产品是否应该出口？应该出口多少？数控经济学认为，国产产品是否应该出口应该根据国产产品在国际市场上的产品需求强度而定。并且，数控经济学将国产产品的国际需求强度定义为：

国产产品的国际需求强度等于该产品在国际市场上的外汇价格与该产品的资源成本之比（即国产产品的国际需求强度等于其产品的每单位资源成本的外汇销售价格）。

设：某个国产产品在国际市场上的外汇销售价格为 J_G，其国际需求强度为 P_G，其产品的资源成本为 C，那么，该国产产品在国际市场上的需求强度 P_G 可用下列公式表示

$$P_G = J_G / C$$

例：设某个国产产品 A 在国际上的销售价格为 100 美元，该产品 A 的资源成本为 50 格斯，那么该国产产品 A 的国际需求强度为（100/50 = 2 美元/格斯）。

（3）国产最终产品国际需求强度的意义

出口产品的目的是为了换取外汇、进口国内所需要的产品。国产产品在国际市场上的需求强度大小也代表着该产品换取外汇的能力大小。

国产产品的国际需求强度是开放的国有制经济体确定国产产品的产能增减规划的依据之一，也是产品进、出口规划的依据。

（4）出口产品的国际平均需求强度

出口产品的国际平均需求强度 P_{GP} 等于全部出口产品的外汇总值与全部出口产品的资源总成本之比：

出口产品的平均国际需求强度 P_{GP} =（出口产品外汇总值）/（出口产品资源总成本）

（5）出口产品的国际平均需求强度的意义

出口产品的国际平均需求强度代表着一个国家的每单位资源成本在国际市场上的平均外汇价格，也表示一个国家的产品在国际市场上的竞争能力，也是一个国家进行汇率换算、核算进口产品成本的依据。

2. 国产生产品（中间产品）的需求强度评估

（1）国产生产品（中间产品）在国内的需求强度评估

在经济开放的国有制社会，国内生产品（中间产品）在国内的需求强

度的评估与封闭社会的国内最终产品的需求强度的评估一样：不需要评估，评估没有意义，即只要知道了国内最终产品的需求就可以推算出中间产品的需求。

(2) 国产生产品（中间产品）在国际市场上的需求强度评估

数控经济学认为，在经济开放的国有制社会，任何出口的产品（包括出口国际市场上的中间产品）都属于社会最终产品，因此，出口的中间产品的国际需求强度的计算与最终产品的国际需求强度的计算方法相同：国产生产品（中间产品）在国际市场上的需求强度等于该产品在国际市场上的外汇价格与该产品的资源成本之比（即某个国产生产品的国际需求强度等于其产品的每单位资源成本的外汇销售价格）。

3. 进口产品在国内需求强度的评估

要对进口产品在国内需求强度的大小进行评估，首先必须了解这些进口产品的资源成本；要了解进口产品的资源成本，我们首先必须掌握进口产品的资源成本计算方法、外汇与本国消费金的比率的计算方法，才可能计算出进口产品的资源成本，并进一步计算进口产品在国内的需求强度大小。

(1) 进口产品的资源成本核算方法

进口产品是在国外生产的，我们是无法直接度量其生产成本的，但我们可以用贸易成本来代替其生产成本：因为进口产品是用外汇购买的，而外汇又是用国产的出口产品换回来的，因此，我们可以用进口产品的外汇成本来换算其资源成本。

数控经济学对进口产品的生产资源成本定义为：进口产品的生产资源成本等于该产品的外汇购买价格与出口产品的平均国际需求强度（P_{GP}）之比。

设：在某个时间点的某个进口产品的国际市场外汇价格为 J_G，当时某个国家近一段时间的出口产品的平均国际需求强度为 P_{GP}，那么该进口产品的资源成本为 C_G，则有

$$C_G = J_G / P_{GP}$$

例一：假设某个国家在某个时间段的出口产品的平均国际需求强度 $P_{GP}=5$ 美元/格斯，在该时间段的某件进口产品的国际市场价格 J_G 为 200 美元/件，那么该件进口产品的资源成本 C_G 为

$$C_G = J_G / P_{GP} = 200/5 = 40 \text{ 格斯/件}$$

例二：假设下表为某个国家去年的全部进、出口产品的清单，求去年全部进口产品的资源成本？

表1　某国去年进、出口产品清单

出口产品名称	进出口数量	价格	资源成本	国际需求强度	平均国际需求强度
出口产品 A	100 件	100 美元/件	50 格斯/件	2 美元/格斯	5/6 美元/格斯
出口产品 B	10 件	500 美元/件	500 格斯/件	1 美元/格斯	
出口产品 C	50kg	200 美元/kg	400 格斯/kg	0.5 美元/格斯	
进口产品名称					
进口产品 D	20 件	150 美元/件	?		
进口产品 E	100 kg	120 美元/kg	?		

解：根据上表，可计算出该国的出口产品外汇总值 = 25000 美元、出口产品资源总成本 = 30000 格斯；根据下列公式

出口产品的平均国际需求强度 P_{GP} = （出口产品外汇总值）/（出口产品资源总成本）

可计算出该国去年的出口产品的平均国际需求强度 P_{GP} = 25000 美元/30000 格斯 = 5/6 美元/格斯，从而可以计算出：

进口产品 D 的资源成本 = （150 美元/件）/（5/6 美元/格斯）
= 180 格斯/件

进口产品 E 的资源成本 = （120 美元/kg）/（5/6 美元/格斯）
= 144 格斯/kg

（2）消费金与外汇的比率

进口高级生活消费品在国际市场上是用外汇购买的，而在国内的销售价格是以消费金标价出售的，因此，只有确定了一个国家的消费金与外汇的比率后方可确定进口高级生活消费品在国内的售价。那么，如何确定一个国家的消费金与外汇的比价关系呢？

数控经济学认为：可以根据单位资源成本等价原理来确定一个国家的消费金与外汇的比价（汇率）关系。

单位资源成本等价原理是指：无论是用消费金来表达（消费金元/格斯），还是用外汇来表达（美元/格斯），每单位资源的成本是相同。即：国产高级生活消费品的每单位资源成本的消费金价格（国内需求强度）与

其在国际上的每单位资源成本的外汇价格（国际需求强度）是等价的，国内需求强度 = 国际需求强度

通过单位资源成本的等价关系就可以消费金与外汇的比率。

比如：某种国产巧克力的资源成本为 20 格斯/盒，其在国内的销售价格为 100 元消费金/盒，其在国际的销售价格为 50 美元/盒，那么，该盒巧克力每单位资源成本在国内外的单位资源成本的价格（国内平均需求强度和国外平均需求强度）分别是 5 元消费金和 2.5 美元，根据单位资源成本等价原理，可得

5 元消费金 =2.5 美元　1 美元 =2 元消费金

即，对于这盒国产巧克力来说，美元和消费金的比价（或称汇率）为 1 美元比 2 元消费金，但对于不同的国产产品常常有不同的汇率（或比价），

由于不同的国产产品有不同的国内需求强度和不同的国际需求强度，因此，数控经济学规定：某个时间段的消费金与外汇的比价等于该时间段的出口产品的平均国际需求强度 P_{GP} 与国内高级生活消费品的平均国内需求强度 P_{RP} 之比。即

出口产品的平均国际需求强度 P_{GP} = 国内高级消费品的平均国内需求强度 P_{RP}

消费金与外汇的比价（汇率） = 出口产品的平均国际需求强度 P_{GP}/国内高级消费品的平均国内需求强度 P_{RP}

其中，国内高级生活消费品的平均国内需求强度 P_{RP} 是指在国内销售的高级生活消费品的消费金总价值与其资源成本总量之比：

P_{RP} = 国内生活消费品的消费金总价值/国内生活消费品的资源成本总量

（3）进口高级生活消费品的国内需求强度评估

进口高级生活消费品的国内需求强度 = 进口高级生活消费品的消费金价格/进口高级生活消费品的资源成本

其中，进口高级生活消费品的资源成本 = 外汇购买价格/国产出口产品的平均国际需求强度

（4）进口基本生活消费品的国内需求强度评估

进口基本生活消费品与本国生产的基本生活消费品一样都属于基本生活消费品，只要列入国家基本生活需求标准范围内的基本需求产品国家都

必须优先保障供给，其需求强度为无穷大。

（5）进口公共服务产品的国内需求强度评估

进口公共服务产品的国内需求强度的评估方法与国产公共服务产品的国内需求强度的评估方法相同。

（6）进口中间产品的国内需求强度评估

进口的生产品（中间产品）需求强度的评估与封闭环境下的国产生产品需求强度的评估方法完全一样，主要是根据国产最终产品的需求强度和生产方案确定其具体的需求量，不需要专门评估其需求强度。

第二节　产品需求强度是产能增减与进出口供给规划的依据

计算产品需求强度的主要目的是为国有制经济体制订产能增减和进出口规划提供科学的依据。因为只有了解产品需求的大小，编制产能增减和进出口供给规划才有科学的依据。

一、数控经济的相关知识说明

在了解产品需求强度与社会产能规划之间的重要关系之前，有必要先了解一下数控经济学关于产能规划的相关知识与说明。

1. 产量与产能相匹配原则

数控经济学为国有制经济体制订了产量与产能相匹配的原则，即：除非有不可控制的意外事件发生，国有制经济体的每个生产单位的实际产量（产出）必须与其设计产能或预定产出相匹配（允许实际产量在设计产能或预定产出规定的范围内轻微变动），否则将启动追责程序；国家总产量（总产能）的调整只有国家规划部门通过生产单位的数量增减来实现，原则上不允许通过各生产单位的产量增减对总产出进行调整，以保障每个生产单位都处在最大最好的预定产出运行状态。

其中：预定产出是指通过方案承包竞争选优、供求平衡匹配、签订承包合同等程序确定后的单位产出。

产量与产能相匹配原则又称为国有制经济的产能非浪费原则。其原意是：一个单位的产能有多大，产量就必须有多大，绝不允许有产能浪费的现象出现。社会总产量（总产能）的调整只能通过社会生产单位的数量增减来实现。

在国有制经济体中，产能与产出在某种程度上是可以等价的同义词，即：社会有多大的产能，社会就应该有多大的产出。

2. 最高用户成本生产单位淘汰制

最高用户成本的生产单位淘汰制是指：当某种产品的产能（产出）过大、国家规划部门需要削减该产品的总产能时，应通过淘汰、删减产品的用户成本最高的产品生产单位（使整个社会的产品用户成本最低化）的方式逐步削减该产品的产能，直到该产品的产能与需求相匹配时为止。

某个产品的资源成本有产品生产出来时的出厂成本和产品到达用户时的用户成本，用户成本最高的生产单位就是其产品到达用户时的最高用户成本的生产单位。

3. 产能与需求强度成反比原理

产能与需求强度成反比原理是指：当产品生产成本或其他条件不变的情况下，国有制经济体的产品产能与产品的需求强度成反比的关系。即，当产品的产能增大时，产品的需求强度将会变小；当产品的产能减小时，其产品的需求强度将会变大。

需要注意的是，因为影响产品需求强度的因素不止产能一个，产品的生产成本或其他因素（比如产品的相关信息的传播）都可能会影响到某个产品的需求强度。因此，产能与需求强度成反比原理的前提是“当产品生产成本或其他条件不变的情况下”。

例一：某个产品在其产能降低（或升高）的同时，如果其产品的生产成本也同时大幅升高（或降低），这时就可能会出现违背“产能与需求强度成反比原理”的正常现象，而会出现“产能与需求强度成正比”的反常现象。数控经济学称这种“正比现象”的出现就是二种可能的标志：一是当某个产品的“产能与需求强度同时变小时”，就标志着该产品是要被淘汰的产品；二是当某个产品的“产能与需求强度同时变大时”，就标志着该产品属于社会急需产品，其产能需要加倍扩张。

例二：某个产品的产能并没有变化、但由于社会信息系统发布了一条对该产品利好或不好的信息时，该产品的需求强度就有可能出现大的变化。

二、产能增减规划与产品需求强度的均衡

1. 产品需求强度均衡定律

产品需求强度均衡定律是指：国家可根据产品的类别特性设置每类产品的需求强度均衡区，通过对每一种产品的产能增减规划的调控，尽可能地使所有产品的需求强度都保持在其需求强度均衡区之内；当某个产品的需求强度高于其均衡区时，国家规划部门就要制订该产品的产能增加规划，使其产品的需求强度下降到其均衡区内；当某个产品的需求强度低于其均衡区时，国家规划部门就要制订该产品的产能减少规划，使其需求强度上升到其均衡区内；当某个产品的需求强度保持在其需求强度均衡区之内时，国家规划部门就应该保持其产能不变。

（注：不同类别的产品其需求强度的均衡区是不同的，国家可以根据品种相近的同类产品划定一个产品需求强度均衡区，性质和类别不同的产品不能共用一个需求强度均衡区。比如，公共服务产品类的需求强度评估指标与个人生活消费品类的需求强度评估指标的性质不同，所以公共服务类的产品需求强度与个人生活消费类的产品需求强度不可以共用一个需求强度均衡区；可以将住房服务类产品划定一个统一的需求强度均衡区，等等。在一个经济开放的社会，国家还要分别设定国内需求强度均衡区和国际需求强度均衡区，通过对产品产能的调节和进出口量的调节使所有产品的需求强度都维持在需求强度均衡区内。）

2. 产品需求强度均衡定律的具体实施步骤

（1）国内需求强度均衡的具体实施

国内需求强度的均衡是指保持专门供给、满足国内需求的产品（包含国产的和进口的最终产品）的需求强度的均衡：

第一步，将平均国内需求强度 P_{RP}值视为国内需求强度的均衡点；

第二步，设置国内需求强度正常波动的最大波幅，将国内需求强度均衡点之上的最大正常波幅点称之为国内需求强度正常波动的上限点（简称上限点），将国内需求强度均衡点之下的正常最低波幅点称之为国内需求

强度正常波动的下限点（简称下限点），上限点与下限点之间的区域称之为需求强度均衡区；

第三步，当某个产品的国内需求强度高于国内需求强度均衡区的上限点时，国家规划部门就要制订该产品的国内供给增加规划（增加国产产品的产能或增加进口产品的进口量）、使该产品的国内需求强度降低、直到其产品的国内需求强度位于上限点之下的需求强度均衡区内，其供给增加规划的增加量与实际需求强度和上限点之间的偏离值成正比；

第四步，当某个产品的国内需求强度位于上限点与下限点之间的均衡区内时，国家规划部门就不需要制订该产品的国内供给增减规划，保持目前的产品供给量不变；

第五步，当某个产品的国内需求强度低于国内需求强度均衡区的下限点时，国家规划部门就要制订该产品的国内供给减少规划（减少国产产品的产能或减少进口产品的进口量）、使该产品的国内需求强度升高、直到其产品的国内需求强度位于下限点之上的需求强度均衡区内，其供给减少规划的减少量与实际需求强度和下限点之间的偏离值成正比；

第六步，当国家规划部门实施供给减少规划时，产品的国内需求强度仍然无法回升到下限点之上、并且其国内需求强度甚至出现了向下的拐点时，就表明该产品已经失去了在国内的竞争能力，该产品就需要从国内供给目录中删除（停止国内供给或停止进口）；如果该产品具有国家文化遗产保护的意义，则不会被淘汰，而是进入国家保护性生产目录，保持最低产能的生产状态中。

通过上述六个步骤的操作，就可以使几乎所有供给国内产品的需求强度都控制在均衡区内，从而达到使所有正常供给的产品都位于正常需求强度的均衡区之目的。

（2）国际需求强度的均衡

国际需求强度的均衡是指保持专门出口到国际市场上的国产产品的国际需求强度的均衡状态，其实现步骤与保持国内需求强度的均衡相类似：

第一步，将平均国际需求强度值 P_{GP}视为国际需求强度的均衡点；

第二步，设置国际需求强度正常波动的最大波幅，将国际需求强度均衡点之上的最大波幅点称之为国际需求强度正常波动的上限点（简称上限点），将国际需求强度均衡点之下的最大波幅点称之为国际需求强度正常波动的下限点（简称下限点），上限点与下限点之间的区域称之为国际需求强度均衡区。

第三步，当某个出口产品的国际需求强度高于国际需求强度均衡区的上限点时，国家规划部门就要制订增加该产品出口供给的规划（提高该产品的出口产能）、使该产品的国际需求强度降低、直到其产品的国际需求强度位于上限点之下的国际需求强度均衡区内，其出口供给产能增加的规划增加量与实际国际需求强度与上限点之间的偏离值成正比。

第四步，当某个出口产品的国际需求强度位于上限点与下限点之间的国际需求强度均衡区内时，国家就应该保持该产品的国际供给量不变。

第五步，当某个出口产品的国际需求强度低于国际需求强度均衡区的下限点时，国家规划部门就要减少该产品的国际供给规划、使该产品的国际需求强度升高、直到其产品的国际需求强度回升到下限点之上的国际需求强度均衡区内，每次供给减少规划的减少量与实际需求强度与下限点之间的偏离值成正比。

第六步，当采取第五步措施时，该产品的国际需求强度仍然无法回升到下限点之上、甚至国际需求强度出现了向下的拐点时，就表明该产品已经失去了国际竞争能力、应该停止出口供给。

通过上述六个步骤的操作，就可以将几乎所有的出口产品的国际需求强度都控制在均衡区内。

（3）上限点与下限点的设置依据

产品需求强度均衡区的上限点与下限点的设置和调整对国家经济的发展会产生很多、很重要的影响，主要根据不同种类的产品、国家的控制精确度、国家外汇平衡的需要而定，其具体设置和调整至少需要考虑下面几个问题：

A. 经济成熟度

在国有经济刚开始运行的初期，国家对经济的控制精度比较差，需求强度均衡区的上限点与下限点之间的范围大（即均衡区的范围比较大）；但随着国有经济逐步运行成熟，国家对经济的控制精度会越来越高，需求强度均衡区的上限点与下限点之间的范围越来越小。

B. 经济发展的速度

通过调整国内需求强度均衡区和国际需求强度均衡区的下限点的设

置，还可以对国家进出口的外汇平衡进行调节：如果国家需要在未来几年内加快经济发展的速度，那么，在未来几年内就要增加新建项目的投入密度，就需要有大量的生产品供给，为了弥补国产生产品的不足、需要大量的外汇从国外进口生产品，此时就需要降低国际需求强度均衡区的下限点、提高国内需求强度的下限点，提高国产生活消费品的出口量、减少国际生活消费品的进口量，提高国家的出口外汇收入，以保证国家外汇的收支平衡。

即：降低国际需求强度均衡区的下限点、提高国内需求强度的下限点可以增加国产最终产品的出口、减少最终产品的进口、降低最终产品在国内的供给总量，降低国内的生活消费水平，增加国外中间产品的进口，加快经济的发展速度。

C. 经济的稳定性

需求强度均衡区的上限点和下限点的设置关系到经济速度的快慢，应该以稳定为重，调整的幅度要小，不要过急、过大。

（4）产品供给需求强度的均衡

同一种产品，虽然总产出量相同，但供给方式的不同也会影响产品的需求强度，从而可以得到不同的产品需求强度，我们称之为产品供给需求强度。比如：秋季一次性生产出来的西瓜，可以在一年四季中都供给上市，那么，一年四季中每个季节的各个供给量应该是多少才是最合适的呢？答案是：以各个季节的需求强度相近的供给量最为合适，即尽可能让同一种产品在各个季节的需求强度保持相同。

不同季节供给上市的西瓜的资源成本和销售价格是不同的，其中，以新西瓜上市时的西瓜成本最低、价格最低，以新西瓜上市前的西瓜成本最高、价格也最高，国家可以通过调整西瓜的上市供给量使西瓜的供给需求强度保持在某个均衡的区间内。

三、产品需求强度是未来新产品（拟研发新产品）的资源投入规划的依据

1. 科研产品的特点

（1）生产成本不明

（2）未知因素太多

（3）投入风险大

2. 拟研发新产品的需求强度

拟研发中的科技产品的需求强度等于拟研发科技产品的支持率与该产品的风险指数之比，即：

拟研发新产品的需求强度＝（支持率）/（风险指数）

（1）支持率

首先由一个小型的专家委员会通过民主决策的方式在众多的拟开发的新产品中筛选支持率比较高的一部分拟开发新产品进入大型专家委员会进行投票表决打分，得出拟开发新产品的支持率。

（2）风险指数

根据拟开发投入研究的新产品的设计构想，从如下几个方面对拟开发新产品的风险指数进行评估：

A. 技术难度

B. 可行性大小

C. 成本预估

由一个独立的专家委员会对其产品实现的风险指数进行测评打分，最终得出其风险指数的大小。

由此可知，拟研发新产品的需求强度需要由二个独立的机构进行支持率和风险指数的评估后才可以得到。

3. 拟开发科研产品的需求强度是科研资源投入大小的决策依据

拟开发的新产品数量是比较多的，只有需求强度较高的拟开发新产品才能够进入新产品的开发实施；由于用于新产品开发的科研资源是有限的，国家还要根据拟开发科技新产品的需求强度决定每一个拟开发的科技新产品的科研资源的投入分配比例。

第三节　产品需求强度评估体系的构建

产品的需求强度除了对国家发展规划具有决定性的指导意义外，还对产品相关的科研人员、设计人员的业绩考核、劳动报酬等个人利益有重大影响。因此，要对产品的需求强度进行公正、客观的评价，必须要有一整套科学、完善的评估体系的保证。要建立一套科学、完善的产品需求强度评估体系，除了需要具备政治民主的社会基础外，还需要具备以下独立机构的分工与协作。

一、专业化的产品需求强度评估标准、方法与法规的制订机构

国家要有专门的、独立的机构来研究、制订关于产品需求强度评估的方法、标准和法规，该机构要及时跟踪产品需求强度评估中出现的问题并及时修改产品需求强度评估方法、标准和法规。

二、产品性能考核、鉴定、评价机构

国家要有专门的机构，独立地对各部门的产品性能进行考核、鉴定、评价，不仅在产品产出的关键要点进行考核、鉴定和评价，还要定期地对产品性能进行考核、鉴定、测试、评价。

三、产品信息公平发布机构

产品信息的发布与宣传也会影响产品的需求强度。为了产品保证信息发布的公平性和客观性，国家要有专门的、独立的信息发布平台，由专门的机构按统一的标准和格式对产品进行宣传和介绍，防止出现产品利益相关人员参与产品信息的介绍和发布。尤其要对个人生活消费品的产品信息发布保持平等、公开原则，因为产品介绍信息对个人生活消费品的需求强度具有决定性的影响。为了防止其他人的评价、前人对后人评价的干扰、先入为主的评介干扰，要保证每个人对每个产品评价的独立性，一切可能影响公正评价的信息都要进行屏蔽，只有不参与评价的专业技术人员在后台可以看到评价的全部信息。

四、独立的产品资源成本核算机构

产品资源成本是产品需求强度测算的基础，因此，必须有一套独立的、科学的产品资源成本核算机构才有可能提供准确的产品资源成本数

据，为产品需求强度的评估提供依据。

五、独立的产品需求强度评估机构

产品需求强度评估机构是对产品需求强度进行评价的主要执行机构，负责对产品的进行评价打分、对资源成本进行汇总、计算产品的需求强度。该执行机构是完全依靠法律文件独立运行操作，不受任何其他机构的影响。

六、产品需求强度评估监督机构

产品需求强度评估监督机构主要依据产品需求强度评估的法律文件和国家相关的评价标准对需求强度进行评估的整个过程进行监督，享有独立的监督权和调查权。接受相关人员和相关部门的投诉，对违规、违法行为进行处罚。

七、产品需求强度评估纠纷仲裁机构

产品需求强度评估纠纷仲裁机构负责处理在产品需求强度评估过程中出现的各种纠纷的仲裁，包括对产品需求强度评估监督机构的处罚的不服申诉进行仲裁。

第四节　产品需求强度对进出口贸易的调节

国有制经济国家在与非国有制经济国家、两个独立的国有制经济国家之间进行国际贸易时应遵循什么样的经济法则？在一个经济越来越开放的世界，任何一个国家的经济都只是世界整体经济体不可分割的一部分，如何处理好局部经济与整体经济的关系、如何在二个完全不同的经济体之间进行公平的贸易对一个国家、对整个世界都是一件非常重要的事情。比如：某个国家生产的某种产品，在国内很受欢迎，在国外也很受欢迎，在国内、国际的产品需求强度都很大，那么，应该如何科学地分配该产品的国内外的供给量呢？

一、进出口贸易的重要性

1. 资源共享、优势互补、降低生产成本

比如，某个国家只生产两种产品：产品 A 和产品 B。其中，产品 A 的资源成本为 10 格斯，产品 A 在国际市场上的平均售价为 100 美元；产品 B 的资源成本为 50 格斯，产品 B 在国际市场上的平均售价为 200 美元。那么，该国应该采取什么样的生产方案才能够使该国的生产成本降低？

很显然，通过比较二种生产方案的资源成本就可以决定采用什么生产方案是最合适的生产方案：第一种生产方案是生产 A、出口 A、进口 B；第二种生产方案是生产 B、出口 B、进口 A。

第一种生产方案的成本可以使产品 B 的生产成本降低 60%：

首先计算产品 B 的进口资源成本 C_B

$$C_B = J_B/P_{GP}$$

其中：J_B（B 的进口外汇价格）＝200 美元；

P_{GP}（出口产品的平均国际需求强度）＝100 美元/10 格斯＝10（美元/格斯）

$$C_B = 200 \text{ 美元}/10（\text{美元/格斯}）= 20 \text{ 格斯}$$

B 的进口成本的节约率＝（B 的生产成本—B 的进口成本）/（B 的生产成本）

＝（50 格斯－20 格斯）/50 格斯

＝60%

而第二种生产方案将会使产品 A 的生产成本升高几倍，计算省略。

2. 丰富了产品的种类

产品的丰富程度（简称产品丰度，即人均享受到的生活消费品的品种数量）是衡量一个国家经济发达程度的重要标志。一个国家通过进出口贸易与其他国家进行产品交换，可以使各国人民获得更丰富的产品种类，使人民的生活更加丰富多彩，人民可以获得更多的幸福感。

3. 进出口贸易是全球经济政治一体化的必然过程

随着科技的发展、为了人类共同的利益最大化，人类未来社会必然是一个政治、经济一体化的社会，地球必然会在国有制经济的基础上走向统一，最终走向地球所有制。在地球所有制实现之前，各国之间的进、出口

贸易是一个必然的过程。

二、国产产品的国内外供给量的分配

国有制经济如何分配在国内外都受欢迎的国产产品的出口量的问题是一个非常现实、不可回避的问题，即：某种国产产品的出口量是由什么决定的？

1. 最终产品的供给分配

如果某个国产最终产品的国内需求强度和国内需求强度都超过了各自均衡区的下限点了（表明该最终产品在国内外都受欢迎的产品），此时，就有如下公式成立：

国产产品总产能 = 国内供给产能 + 国际供给产能

如果某个国产最终产品的国内需求强度和国内需求强度中有一个低于各自均衡区的下限点并且在降低供给的情况下仍然无法回升到下限点之上，那么就有如下公式成立：

国产产品总产能 = 国内供给产能

或

国产产品总产能 = 国际供给产能

我们知道，当某个国产最终产品（主要指生活消费品）的总产量不变时，可通过调整消费品的出口量来调整国产消费品在国内市场和国际市场的需求强度，或可通过调整国内供给产能、国际供给产能的分配比例来调整最终产品在国内和国际的需求强度。当某个国产最终产品的国内需求强度和国内需求强度都超过了各自均衡区的下限点时，我们就不得不面临一个产能（供给）分配的问题：多少产能供给国内需求？多少产能供给国外需求？即国产产品的国内外供给量的分配问题。

为此，数控经济学提出了一个“等倍率原则”来解决国内国外市场的产能分配问题。在了解等倍率原则之前，我们首先需要了解什么是需求强度倍率。

（1）需求强度倍率

数控经济学将某种产品的需求强度与其平均需求强度之比定义为该产品的需求强度倍率。

需求强度倍率又分为国内需求强度倍率和国际需求强度倍率：国内需

求强度倍率是指某种产品的国内需求强度与国内平均需求强度之比值；国际需求强度倍率是指某种产品的国际需求强度与国际平均需求强度之比值。

设：B_{RP}为国内需求强度倍率，B_{GP}为国际需求强度倍率，P_R为某种产品的国内需求强度，P_G为该产品的国际需求强度，P_{GP}为平均国际需求强度，平均国内需求强度 P_{RP}，则有下列二个公式成立

$$B_{RP} = P_R / P_{RP}$$

$$B_{GP} = P_G / P_{GP}$$

产品的需求强度的意义只是体现了某种产品在某个环境中的绝对需求强度的大小，看不出该产品与在另外一个环境中（国际环境中）的需求强度之间的关系。产品的需求强度倍率的意义在于：它能比较某种产品在不同环境中的需求强度大小。比如：比较某个产品在国内环境中的需求强度与在国外环境中的需求强度之间的强弱对比。要比较同一个产品在国内外的需求强度的相对大小，则只能采用需求强度倍率的概念。

如果某个产品在国外的需求强度倍率大于在国内的需求强度倍率，那么就说明该产品在国外环境中的需求强度大于其在国内环境中的需求强度、该产品在国外比在国内更受欢迎，这也表明了国家应该增大该产品的出口量；如果某个产品在国外的需求强度倍率小于在国内的需求强度倍率，这就表明了该产品在国外的需求强度较低，国家应该减少该产品的出口量。

（2）等倍率原则

等倍率原则是指：当某个国产最终产品的国内需求强度倍率与国际需求强度倍率相等时，就表明该国产最终产品在国内外的供给分配比例达到了最佳状态。即：国家应该通过调整国产产品的国内外供给的分配比例使产品的国内需求强度倍率与国际需求强度倍率趋于相等的状态。

等倍率原则的本质在于：当某个产品的国内需求强度倍率与国际需求强度倍率相等时，就说明该产品在国内环境和国外环境中的需求强度达到了相等的均衡状态，从而完美地解决了国产最终产品在国内外的供给分配比例问题。

比如：某个产品在国内的需求强度倍率很小，在国外的需求强度倍率很大，要想使二者的倍率更相近，就要不得不增加出口量，使国际需求强度倍率降低，最终使国内需求强度倍率与国际需求强度倍率达到相等。

如果某个最终产品在国内的需求强度强度倍率为零、国际需求强度倍率比较大，那么，虽然让所有的产品都出口也不可能使二者的需求强度倍率相等，但却可以使其国外需求强度倍率与国内需求强度倍率之差变小（趋近）。其出口量的产能规划可根据国际需求强度均衡区及国际需求强度倍率进行调控。

2. 中间产品的产能分配

如果某个中间产品的国际需求强度超过了国际需求强度均衡区的下限点，那么该中间产品就可以出口到国际市场换取外汇了。此时，中间产品的产能（产量）又会面临着产能分配问题（满足国际需求供给与满足国内需求供给的产能分配问题）。

数控经济学对国产中间产品的产能分配政策是：国产中间产品必须优先满足、保障国内需求后，剩余的产能（产量）才可以再供给国际需求（出口）。因为中间产品在国内的需求是100%的刚性需求，一旦一个国家的生产方案确定后，其生产品的需求是必须保证满足的。

有时，国产的中间产品在国内没有需求（国内生产方案中没有选用该中间产品），但在国际市场上的国际需求强度已经超过了国际需求强度最低限制点（国际需求强度均衡区的下限点），因此，该中间品就可以出口到国际市场，该产品的全部产能都是供国际需求的出口产能。

国产中间产品的出口量规划可根据其国际需求强度的均衡区和国际需求强度倍率而决定。

三、进、出口外汇收支不平衡的调节

在其他条件不变的情况下，如果国家将国内需求强度均衡区的下限点上升、国际需求强度均衡区的下限点下降时，就会导致国产产品的国内供给量降低、国际供给量的增加、出口增加、进口减少、减少外贸逆差、提高外贸顺差；如果国家将国内需求强度均衡区的下限点下降、国际需求强度均衡区的下限点上升时，就会使产品的国内供给量增加、国际供给量的降低、出口减少、进口增加、扩大外贸逆差、减少外贸顺差。

因此，当出现进、出口不平衡、有大量外贸逆差或大量顺差时，国家可以通过调整国内需求强度均衡区的下限点、国际需求强度均衡区的下限点的设置，使国家进、出口保持平衡。

四、短缺和剩余的分类

短缺是指国家的某种国产产品的产能不能满足国内的需求量、国产产品的国内需求强度高于国内需求强度均衡区上限点时，需要进口国外相同或类似产品（替代品）使该国产产品的需求强度进入国内需求强度均衡区的一种现象。

剩余是指国家的某种国产产品的产能超过了国内的需求量，或国产产品的国内需求强度低于国内需求强度均衡区下限点时，需要出口到国际市场的一种现象。

1. 有意短缺

有意短缺是指由于生产资源稀缺等客观原因造成的生产成本高，为了降低生产成本而故意降低生产能力、有意造成某种国产产品的生产能力短缺的现象称为有意短缺。

有意短缺是国家进行有效的规划管理、有目的地通过进口产品弥补故意留下的产品短缺、使产品生产成本降低的一种结果。有意短缺的生产能力可以通过进口相同或类似替代产品来弥补。

2. 无意短缺

无意短缺是指因为国家的生产技术的落后、国家规划调节管理不到位等原因造成的生产能力不够、生产成本很高、不得不通过进口的方式弥补的产品生产能力的短缺。

无意短缺是国有制经济企图消除、尽力避免的一种现象。

3. 有意剩余

有意剩余是指国家有意生产超过国内需求的供给、为了降低国内总体生产成本、增加外汇收入的一种国家有效的规划调节行为。

有意剩余是指某种国产产品的产能满足如下条件：

国产产品的总产能 = 国内需求产能 + 国际需求产能

其中：国际需求产能 >0；

国际需求强度≥国际需求强度均衡区下限点

4. 无意剩余

无意剩余是国家对产能的规划调节未到位之前而采取的临时措施。即在明明知道某些产品并不适合出口（国际需求强度 < 国际需求强度均衡区下限点），但在产能规划未能调整到位之前，但因为国家急需外汇，不得不通过出口贸易化解剩余产能、避免产能浪费的一种临时措施。

无意剩余主要是指从货币经济体制向国有制数控经济转型时的过渡现象。无意剩余是指某种国产产品的产能满足如下条件：

国产产品的总产能 = 国内需求产能 + 国际需求产能

其中：国际需求产能 > 0

国际需求强度 < 国际需求强度均衡区下限点

第五章　全面规划导向原理

全面规划导向原理是指：国有制经济必须根据资源成本最小化原则和需求强度与供给成反比原则建立一套科学的方法来编制社会全面发展规划，让国家经济在社会全面发展规划的引导下有序、稳定地快速发展。

第一节　规划的概论

一、规划的分类

1. 社会规划的定义

社会规划是指：将某个社会未来要做的全部的重要事情和要实现的主要目标按时间顺序进行排列称之为社会规划。规划主要是指未来大的目标和轮廓，计划则是近期要实现项目的详细实施方案。

2. 社会规划的分类

（1）按期限分类

根据期限长期可将社会规划分为三类：短期规划（3—5 年）、中期规划（5—10 年之内）、长期规划（10—100 年）。

（2）按区域分类

根据区域大小可将社会规划分为五类：小区规划、大区规划、国家规划、洲际规划、地球规划。

（3）按行业分类

根据行业多少可将社会规划为三类：单行业规划、多行业综合规划、全行业综合规划。

3. 社会全面发展规划的定义

社会全面发展规划可简称社会规划或规划，它是指一个国家在未来各个时期、包含各行各业、各个地区的全面发展的全部社会产品的产能设计和实施步骤。

社会全面发展规划将告诉人们：一个国家的未来应该是个什么样子以及大概如何走向未来的简介。人们看着社会全面发展规划，就像站在一个个未来社会的实景模型前：离现实越近的景象就看得越清晰、越全面，离现实越远的景象就越模糊、越抽象。

社会全面发展规划是对社会经济发展进行精确调控的具体表现之一。

二、全面发展规划的主要任务

一个国家的全面发展规划主要肩负着五大任务：

1. 确定未来各时期的经济总体发展速度

2. 确定未来各时期各行业之间的相对发展速度

3. 确定未来各时期、各行业、各产品的产能增减幅度或资源投入量的增减幅度

4. 确定未来各时期每种产品的产能增减新项目的建设地点、规模、生产工艺

5. 确定未来各新项目的开工顺序表和开竣工实施时间表

三、现代社会规划存在的主要问题

1. 主观性

目前编制的社会规划并没有可靠的依据和方法，其规划的编制主要依据编制者的主观愿望。比如：在市场经济社会，目前很多人都把某个产品的价格预测作为企业发展规划的依据，而产品价格的波动是很难预测到的，因此，实际上很多人的规划是建立在个人主观判断的基础上的；在计划经济社会，名义上采用的是漏洞百出、互为矛盾的价值理论为规划的依据，实际上的社会规划是以主要领导人的意志为依据。

2. 局部单一性

现的社会规划虽然有很多，但基本上都属于局部性的和单一性的规划，其规划的编制基本上是各自为政，各行各业、各地区、各单位都是独立编制各自的规划，国家或地方政府主导的规划也是独立编制的大框架式

的规划，国家对规划管理也只行使项目的规划审批权，只要不违背国家规划的基本原则、不违法，任何项目都可以实施。甚至很多企业自己的发展规划都是企业的高级机密，它人不得而知。

由于规划的单一性和孤立性，各个规划方案之间没有经过供求平衡，必然会导致各个规划之间的互相冲突，使未来的供求关系失衡，从而导致各自的规划难以实现，降低了规划可行性和实现率。

3. 随意性

国家发展规划应该是一件十分重要而严肃的事件，规划应该保持一定的稳定性和法律效力，应该通过严格的民主和法定的程序才可以实现规划的制订和修改。可实际上，很多地方的规划都当成了儿戏，由地区领导说了算，规划的编制都根据领导的意志可以随意改变，破坏了规划的稳定性，很多规划形同虚设，更谈不上对现实经济的指导作用。

4. 私有性

私有制使社会生产资料被分割，破坏了社会规划的统一性和整体性。私有制是编制和实现社会全面发展规划的最大障碍。因为只有在产权统一前提条件下才可能制订统一的社会全面发展规划。

私有制导致规划活动的各自为政，国家的规划管理部门只是行使着审批的功能，只要不违背国家的法律和国家政策，各个企业可以随意编制各自的发展规划，从而导致社会发展规划的不平衡，降低了社会规划的可行性。

第二节　全面规划的必要性与可行性

一、全面规划的必要性

1. 规划是人类的基本特征

规划是人类与动物界最本质的区别。规划的完善性是区别人类的低级社会与高级社会的一个重要指标。

现代的人类社会已经越来越离不开计划和规划，如果人类现在离开了规划和计划，人类将是寸步难行。

人类现在产生的问题是过去规划的结果，人类将来的结果取决于现在的规划。

2. 规划是社会有序化稳定发展的重要保证

没有规划的经济发展是一种盲目的、随波逐流式的、听天由命式的非稳定的自然经济模式，只有制订了全面发展规划并在规划指导下的经济发展才能保证经济发展的稳定、有序。

3. 规划是人类发展的重要工具和手段

规划是人类实现重要目标、解决复杂问题、应对巨大挑战的重要工具。没有规划，人类很多重要的工作已经无法完成。

4. 全面规划是规划的最高境界和终极形式

残缺不全的规划必然为规划实现留下失败的隐患，规划的全面性代表着规划的完整性、统一性和科学性。真正科学的规划必须是完整的、全面的、不留空白的、考虑周全的、平衡配套的规划，只有这样的规划才有实现的可靠性，实现规划的全覆盖是规划的最高境界和终极形式。

5. 全面发展规划是国有制经济的基本特征

人无远虑必有近忧，国家发展规划为社会发展提供了明确的方向和目标，只有方向正确、目标明确一致，社会的力量才会统一，才可以大胆轻装前进，不会畏手畏脚，社会才可能高速发展。

在信息和科技高度发达的今天，在市场经济社会里，人类社会的发展仍然还是沿用了随波逐流、摸着石头过河的古老模式，走一步、看一步，这种盲目的经济发展模式与科技信息发展的潮流是背道而驰的，必然被信息高科技社会所抛弃。

企业如果没有超前的规划，其企业必须会遇到极大的困难而无法生存；人类的发展没有规划，必然产生无法预料的社会动荡，产生极其恶劣的后果，只有从长计议、制订长远规划、按照统一、有序的步骤发展经济才是解决目前主要经济问题、摆脱经济发展混乱无序局面的唯一出路。

制订国家发展规划的核心目的之一就是为了实现合理、有序的生产资源的分配，以避免经济的矛盾冲突和混乱无序导致巨大的社会资源的浪费。

二、全面规划的可行性

1. 国有制为制订完整的全面社会发展规划奠定了统一的社会基础（在一个国家内部没有技术秘密、没有地方保护主义、没有规划黑洞和规划空白）

2. 高级民主政治制度为制订全面发展规划提供了法定的科学的决策程序，保证了社会发展规划的严肃性和稳定性

3. 信息网络科技和大数据科技的发展，为全面规划提供了必需的科技手段和支持工具，保证了规划的平衡、统一和完整性

4. 数控经济学为国有制经济编制和实施全面规划提供了科学依据、方法和规则（见下节），使科学编制社会发展规划成为可能

第三节　全面规划的编制依据与规则

国家发展规划的核心就是产能的增减，产能增减的实质是就是生产资源的分配。如何将有限的生产资源分配到哪些具体的产能增减新项目才是国家发展规划的核心问题。因此，国家发展规划是由一个个具体的关于未来社会各个时期的产能调整方案的新项目组成的，即国家发展规划可以分解成一个个未来的关于产能调整的新项目。未来的产能调整的新项目主要包括两个关键步骤：一是各种产品的产能的增减方向及增减幅度；二是未来产品产能调整新项目的生产地点、生产工艺、生产规模。

一、产品需求强度是最终产品的产能增减及增减幅度的规划依据

从最终产品需求强度评价原理的相关章节中我们知道：如果某个产品的需求强度大于其均衡区的上限点时，表示国家需要制订产能增加的规划，且其需求强度大于其均衡区上限点的值越多，表示制订产能规划增加的增幅就要越大；如果某个产品的需求强度小于均衡区下限点时，表示国

家需要制订产能减小的规划，且其产品需求强度小于均衡区下限的值越多，表示制订产能规划减小的减幅就越大。

确定产能规划的增减方向和增减幅度后，就等于确定了与产能增减相关的新项目的立项事宜，就可以开始下一步的工作规划。

二、资源成本最小化原则是确定未来最终产品产能增加新项目的规划内容的依据

确定最终产品的产能增减幅度后的下一步规划工作是确定与产能增减相关的新项目的规划内容。与产能增减相关的新项目的规划内容包括：新项目的数量、每个新项目的生产地点、生产工艺、生产规模。比如：根据某种住房租赁服务产品在某个地区的需求强度非常大，超出了国家住房需求强度均衡区上限点很多（达到了住房平衡需求强度的 4 倍，并假设住房需求强度均衡区上限点为住房平均需求强度的 1.5 倍），因此，国家规划在该地区从第三年开始的未来 5 年内每年新增该种住房租赁服务产品一万套。下一步规划工作就是如何确定这一万套住房服务产品的具体新项目的地点、工艺、规模。比如：这一万套住房是分成多少个建设项目（住宅小区）？每个建设项目（住宅小区）的具体地点在哪儿？每个建设项目（住宅小区）的规模有多大？采用什么建筑方法和工艺来生产？每个新项目的具体开工顺序和开竣工时间是多少？确定上述问题的依据是资源成本的最小化原则，即：在保证产出的质量、数量、时间的前提下，一切以产出成本最小化为设计、施工准则。

三、制订生产品（中间产品）新项目规划的规划依据

生产品的规划编制依据主要有三个：

1. 最终产品的产能增加新项目对生产品的需求

可以根据最终产品的产能增加规划中的新项目规划的生产工艺可以推算出最终产品产能增加新项目中对生产品的需求种类和数量。

2. 生产品新项目对生产品的需求

最终产品的产能增加规划需要制订生产品的增产新项目，而生产品的增产新项目对生产品也有增加的需求量，因此，生产品的产能增加规划中

对生产品的需求来自两个部分：最终产品产能增加新项目对生产品的需求和生产品产能增加新项目对生产品的需求。因此，在生产品的产能增加规划中需要考虑两个方向的生产品的供求关系的平衡匹配。

3. 资源成本最小化原则

与最终产品的产能增加新项目的规划相同，生产品的产能增加新项目的规划仍然需要遵循资源成本最小化的原则。

四、国家经济发展速度的规划调控

1. 国家经济发展水平与社会发展水平的表达

（1）经济发展水平的表达

数控经济学认为：可用人类最终产品的供给丰度（简称产品丰度）来度量、表示一个国家的经济发展水平。因为，国家的经济越发达，国家供给人们可选择的有效产品的品种数量就越丰富。

最终产品的供给丰度是指：一年内国民所能享受到的最终产品的品种数量的加权平均值。假设：在某个国家，有三分之一的人一年享受到了 20000 种最终产品，另外有三分之二的人一年享受到了 30000 种消费产品，那么该国的产品丰度就是 26667 种产品（人年均）。

最终产品的供给丰度反映了人类社会产品的丰富程度，这最能代表了一个国家的经济发达水平。因为，一个国家经济越发达，就表达该国所能提供的产品种类就越多。

（2）社会发展水平的表达

数控经济学认为：一个国家的社会发展水平可以用人均预期寿命来表达。因为惯性定律是宇宙万物的基本定律，而生命体的惯性定律就是尽可能地保持生命体的生命运动状态。人类社会越发达，其国民的人均预期寿命就会越长久，社会发展水平越高，其社会整体的平均寿命就会越长。

经济发展水平只是一个国家的社会发展水平的一个重要方面，两者虽然在基本概念上是完全不同的，但二者之间却有很大的相关性：社会提供的有益于人类身心健康的产品种类越丰富，人类的寿命就会越长；社会发展的水平越高，其生产的适合人类的身心健康的产品就会越丰富；社会提供的产品种类很丰富，并不代表所提供的有利于人类身心健康的产品种类也很丰富、并不代表人类的发展水平很高，因为，其社会提供的丰富的产品中很可能含有大量无效、低效或对人类身心健康有害的产品。

2. 经济发展速度和社会发展速度的表达

(1) 经济发展速度的表达

经济发展速度的表达有二种方式：资源投入发展速度和实际发展速度。

A. 资源投入发展速度

资源投入发展速度也称之为扩大再生产新项目资源投入速度（或投入比例）。新项目资源投入速度是指：每年的经济发展速度等于每年用于新开工项目中所投入的生产资源总量与每年用于现有社会单位简单再生产所占用的生产资源总量之比率。新项目资源投入速度可用如下公式来表达：

资源投入发展速度 = 新项目投入占用的生产资源总量/现有社会单位占用的生产资源总量

资源投入发展速度的内涵是：一个国家用于扩大再生产（新开工项目）的生产资源的比例越多，其国家未来出现的新产品种类就会越多，其国家未来的经济发展的速度就会越快；只有新项目的投入，才可能会有新产品的出现；如果社会在某个时间段内没有规划的新项目开工实施，那么社会在这个时间段内的经济发展增速就可以视为零；如果社会在某个时间段内不仅没有新的项目开工实施，而且原有的社会单位中还有些旧的单位项目停工了，此时的社会经济发展速度就是负数；用于新开工项目单位的生产资源的比率越高，表示经济发展的速度就越快。

资源投入发展速度是一种事先可以调控的发展速度，因为使用该方法可以大致预测未来社会的实际的经济发展速度，因此，该方法主要用于社会经济发展速度的预测和调控，是一种非常有意义的度量经济发展速度的方法。

B. 实际经济发展速度

实际经济发展速度是指通过实际测量、计算、统计后得到的经济发展速度。实际经济发展速度等于经济发展水平与经济发展时间之比，经济发展速度的单位是产品品种数量/人年均。

设，某个国家某个年代实测的经济发展水平为 S_1，经过 T 年的时间发展后，实测该国的经济发展水平达到了 S_2，那么，该国在 T 段时间的经济发展速度为 V，那么该国实测的经济发展速度 V 有如下公式：

$$V=(S_2-S_1)/T$$

C. 二种经济发展速度的相互关系

资源投入发展速度与实际经济发展速度之间的关系是：在一个经济开放的社会，如果在某个时间段内的资源投入发展速度越高，其实际经济发展的增速就会相对降低；如果在某个时间段内的资源投入发展速度越低，其实际经济发展的增速就会相对升高。这是因为：如果国家在某个时间段内资源投入发展速度过快、把过多的生产资源投入到扩大再生产新项目之中、使中间产品（生产品）的供给量过于增大，这样一来，就会导致社会的最终产品的供给量相对减少，使社会的实际经济发展速度的增速相对降低；反之，则增速相对升高。

不过，由于某个时间段的新项目的资源投入增加，在该时间段过后的一段时间内实际经济发展速度将会相应增加（新产品的种类将会增加），二者之间有一个时间差，因此，二种经济发展速度之间的关系具有时差性。

资源投入发展速度与实际经济发展速度之间的具体关系可以通过实际运行情况，用统计学方法找到其相关性。

（2）社会发展速度的表达

数控经济学的社会发展速度的定义是：社会发展速度等于社会发展水平与社会发展时间之比。即：每年人的预期寿命的增加值。

社会发展速度是以实际测量的方式得到的。社会发展速度的单位是：岁/年，或岁/5 年，岁/10 年等。

（3）经济发展速度与社会发展速度之间的关系

通常用两个指标来描述一个国家实际状态比一个指标更全面。经济发展指标和社会发展指标之间有很大的正相关性。同样，经济发展速度与社会发展速度之间也有很大的正相关性。

数控经济学的建议是：用经济发展指标来度量社会短期发展的微观状态，用社会发展指标来度量社会长期发展的宏观指标。

3. 经济发展速度与社会制度的关系

一个社会的经济发展速度与其社会制度的平等性系数成正比。

假设：平等性系数是一个介入 100 与 0 之间的数，如果某个社会的人们在出生时的经济权力和政治权力都十分平等，并且，其后天权力大小与个人能力成正比，那么这个社会制度的平等性系数就可以定义为1；如果某个社会的人们在出生时的经济权力和政治权力都极不平等时，那么这个社会制度的平等性系数就定义为0。

设：一个国家的经济发展水平为H，经济发展速度为V，社会平等性系数为P，社会发展时间为T，那么它们之间有如下公式

$$V = V_0 + PT$$

$$H = V_0T + 1/2PT^2$$

$$V = (H - H_0)/T$$

$$P = (V - V_0)/T$$

上述公式表明：社会平等性系数相当于社会经济发展的加速度，要提高社会经济的发展速度，就要进行社会制度的改革，就必须提高社会平等性系数。

在一个极端封建专制的社会，P = 0，社会发展的加速度等于零，社会发展始终保持原始的速度（$V = V_0$），无论社会发展的时间有多长，社会发展的速度不会有任何的提高。

4. 经济发展速度的调控

要想对经济发展速度进行调控，就必须对新开工项目所占有的生产资源分配比率进行调控。生产资源包含人力资源、空间资源、生产品资源（包含原始自然资源），但为了计算经济发展速度的简单方便，只对未来新开工项目中的生产品资源与现有社会单位项目中的生产品资源的比率进行计算，代表未来经济发展速度。即：

经济发展速度 = 新开工项目中占用的生产品资源量/现有社会单位中占用的生产品资源量

在一个开放的社会，要保持国家的进出口的外汇收支的平衡，生产品资源有如下的恒等方程式：

新开工项目中的生产品资源 = 现有社会单位使用后剩余的生产品资源 - 出口的生产品资源 + 进口的生产品资源 ……………………………… ①

进口的生产品资源 = 出口的最终产品资源 + 出口的生产品资源 - 进口的最终产品资源 …………………………………………………………… ②

将方式2代入到方程1，可得方程3：

新开工项目中的生产品资源 = 现有社会单位使用后剩余的生产品资

源＋出口的最终产品资源－进口的最终产品资源 ……………………… ③

由于“现有社会单位使用后剩余的生产品资源”是一个固定的值（它取决于既定的每个社会单位的生产方案，等于现有社会单位生产出来的生产品资源与现有社会单位所使用的生产品资源之差），这个值是不可以调控的，因此，根据方程式3，新开工项目中的生产品资源是可以通过最终产品的进出口差额（出口的最终产品资源－进口的最终产品资源）进行灵活调控的。

因此，要想提高经济的发展速度、想有更多的生产品资源用于新开工项目，就必须出口更多的最终产品、减少最终产品的进口（减少国内最终产品的供给、降低国内生活消费水平和公共服务水平），即可以通过调控最终产品的进出口的数量、最终产品的国内供给量来达到调控经济发展速度之目的。换句话来说，就是提高经济发展的速度是以暂时减少国内最终产品的供给水平为代价。

即在一个经济开放的社会，一个国家的经济发展速度可以通过进出口贸易进行调控：增加生产品的进口和最终产品的出口可以暂时降低国内经济发展水平的增速，但可以加快未来的社会经济发展的速度；减少生产品的进口和最终产品的出口可以暂时提高经济发展水平的增速，但却是以降低社会未来的经济发展速度为代价的。

5. 经济发展速度之规划

（1）经济发展速度过快的问题

提高目前经济发展速度是以提高扩大再生产新项目的资源占用比例为手段的，那么，经济发展的速度是不是可以无休止地提高呢？答案是否定的。因为，长期无休止地加大资源投入发展速度，会造成实际经济发展速度的停滞、甚至倒退，这就很可能会伤害到目前劳动者的工作积极性，使目前的劳动者出现不必要的、难以忍受的“体力透支”现象，人们因为大量的劳动付出而得不到及时的经济回报的奖励，长久下去是不利于人们高效率地工作。因此，经济发展之速度不能过快。

（2）经济发展速度过慢的问题

如果让经济发展的速度过慢，虽然能使目前的人们及时享受经济发展带来的好处，但却会使未来社会的新产品、新发现的增速减少，并导致整个社会发展增速的降低。人类社会的发展是在与大自然对人类的毁灭性灾难事件进行着赛跑，如果人类发展的速度越低，人类遭受灭绝的概率就越大。因此，经济发展的速度也不能过慢。

（3）经济发展速度的压力测试

经济发展的速度既不能过快也不能过慢，因此，测试经济发展速度最合适的方法是对经济发展的速度进行压力测试后再对经济发展速度进行科学地评估，找出一个令大多数人都满意的最佳的经济发展速度；再根据资源投入发展速度的公式比率，反推未来每年的扩大再生产新开工项目的生产资源总量。

（注意：经济发展速度的压力测试是指国家在一个经济特区内模拟不同的经济发展速度，测试不同的经济发展速度对人们的心理、生理和对社会长期发展的影响，从而选定一个最佳的经济发展速度。）

6. 现代社会经济发展速度调控的谬误

（1）GDP 指标的谬误

货币经济社会是用 GDP 的增量来代表经济的增速，这是一种很有问题的表达。因为 GDP 只是通过货币结算的社会经济活动的总量，它无法体现出一个国家经济活动的效率和质量，也无法体现出没有货币结算的经济活动，更何况在很多国家存在着大量无效的 GDP 甚至是有害的 GDP，有时 GDP 的增加与一个国家的社会发展方向是相反的。判断一个国家的 GDP 是否有效的最终标准是：产生 GDP 的活动是否有助于人类寿命的增长。

比如：A 国修建的一条公路可以使用 20 年而无需维修，而 B 国家修建的公路每五年就要大修一次、20 年就要重建一次，相对来说，B 国的 GDP 效率和质量就要比 A 国差；A 国投入大量资金进行广告宣传、大量生产并消费一种据说有神奇功能的、实质上却有害健康的商品饮料，B 国却免费向民众提供自然的净水，A 国的 GDP 虽然多但却是有害的 GDP；A 国严格禁止生产销售香烟，B 国却可以生产和销售香烟，B 国香烟产业的 GDP 就是有害 GDP；A 国人民有不健康的生活习惯，大量的民众不得不依靠药物延长生命，医疗行业很兴旺，而 B 国人民却保持着很健康、很简单的生活习惯，主要是通过身体锻炼来防病、治病，A 国的药物 GDP 就变成了无效 GDP。从上述例子来看，GDP 只代表了商业活动的兴旺程度，与社会经济的发展并不直接相关。

（2）价值指标调控的谬误

市场经济的调控常常是以价值指标（主要是 GDP）来度量的，而 GDP 指标往往是和产品的价格密切相关的，而市场经济的产品价格是无法预测的，具有巨大的波动性，因此，市场经济的调控是很不可靠的，也同样带有很大的不确定性。

综上所述，GDP 并不能代表一个国家的经济发达水平，对 GDP 的增速进行调控也是不可调控的事情。

五、全面发展规划编制的基本原则

1. 平衡匹配原则

平衡匹配原则是指在国家发展规划的编制阶段就需要注意生产关系的平衡匹配、最终产品的产出规划要与生产品的产出规划和国家的进出口规划保持基本的平衡。

一般而言，在一个封闭的社会，生产品的规划与最终产品的规划应该是要保持完全的绝对的配套平衡；在开放的社会，生产品的规划与最终产品的规划并不要求绝对地平衡匹配，国家可以通过进出口规划的方式辅助弥补国内生产品供求的不平衡，但其前提是国内短缺的生产品在国际市场上必须有安全、有保障的供给。因此，在一个国际供给体系不很安全的环境下，生产品的供求关系的平衡就不能通过进出口的手段来实现，因为国家的安全是第一位的，资源成本可以排在第二位。

2. 完全性法则

完全性法则是指规划的范围要实现全覆盖，不留空白，规划的内容要覆盖到每一个产品、每一个地区、每一个行业、每一个部门，通过规划汇总平衡后要变成一个有机结合的完整规划体。

3. 近细远粗原则

近细远粗原则是指：越是近期的国家发展规划越要制订得更详细一些，越是远期的国家发展规划越是要制订得越粗放一些。

4. 因地制宜、平衡比较

“因地制宜、平衡比较”是指：制订国家规划先要根据各地区的实际情况先制订各地区的发展规划，然后对全国各地的供给关系进行平衡协调，对于供大于求的产出规划进行优势比较、淘汰落后的和变成本的产出规划，最终制订出全国发展规划。

第四节　全面发展规划的编制程序

一、产品发展规划的编制程序

产品发展规划的编制程序图如下：

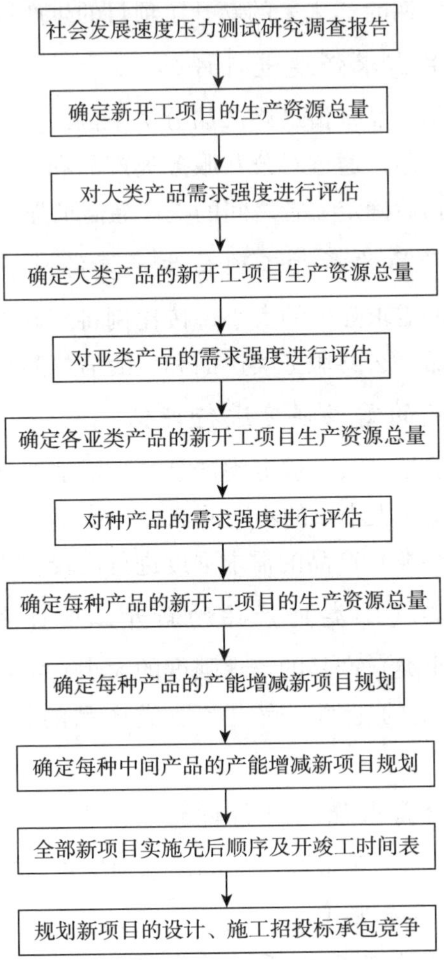

图2　产品发展规划图

1. 社会发展速度压力测试研究调查报告

由国家规划部门根据定期进行的社会发展速度压力测试研究报告，确定科学的社会最佳的经济发展速度，可得到国家未来下一个规划期的“新开工项目所占用的生产资源总量与现有社会单位消耗的生产资源总量之比值”。

2. 确定新开工项目的生产资源总量

有了“新开工项目所占用的生产资源总量与现有社会单位消耗的生产资源总量之比值”和已知的“现有社会单位消耗的生产资源总量之比值”，就可以确定未来规划期的“未来的新开工项目的生产资源总量”。

3. 对大类产品需求强度进行评估

这里所指的大类产品是指最终产品分类下的二大类产品：公共服务类产品和生活消费类产品。通过对公共服务类产品和生活消费类产品的需求强度进行比较、评估后确定二者之间的类产品需求强度的大小。

4. 确定大类产品的新开工项目生产资源总量

根据大类产品的需求强度的大小，按比例将新开工项目的生产资源总量分配给二大类产品（公共服务类产品和生活消费类产品）。

5. 对亚类产品的需求强度进行评估

在大类最终消费品（公共服务类产品和生活消费类产品）与每种最终产品之间还可以分出大大小小的不同的亚类（或小类）的最终产品，要对同等级的各亚类（小类）产品的需求强度进行比较、评估。

6. 确定各亚类（小类）产品的新开工项目生产资源总量

根据各亚类（小类）产品的需求强度的大小确定各亚类产品的新开工项目的生产资源总量的比例、确定各亚类产品的新开工项目生产资源总量。

7. 对种产品的需求强度进行评估

对同一亚类中的每一种最终产品的需求强度进行比较、评估，确定同一亚类中每种产品的需求强度。

8. 确定种产品的新开工项目的生产资源总量

知道了每亚类产品的新开工项目的生产资源总量和亚类中每种产品的

需求强度就可以按比例分配、确定每种产品的新开工项目的生产资源总量。

9. 确定每种产品的产能增减新项目规划

知道了每种产品的新开工项目的生产资源总量、产品的需求强度，就可以根据资源成本最小化原则制订每种产品的产能增减规划和每种产品的产能增减的新项目的具体规划。

10. 确定每种中间产品的产能增减新项目规划，

知道了最终产品的产能增减新项目规划后，就可以反推每种中间产品的需求量，从而就可以制订中间产品的产能增减新项目规划，中间产品的产能增减规划的依据来自两个方面：一是最终产品新项目的中间产品增加的产能需求；二是中间产品产能增加新项目中本身对中间产品的需求。

11. 全部新项目实施先后顺序及开竣工时间表

根据产品需求强度和产品生产工艺的逻辑关系，确定全部新项目实施的先后顺序，编制全部新项目实施先后顺序表和开竣工时间表。

12. 规划新项目的设计、施工招投标承包竞争

新项目的规划完成后，就要根据每个新项目的开工时间安排新项目的设计、施工招投标、项目承包竞争等后续工作。

二、新产品开发——老产品淘汰的规划编制程序

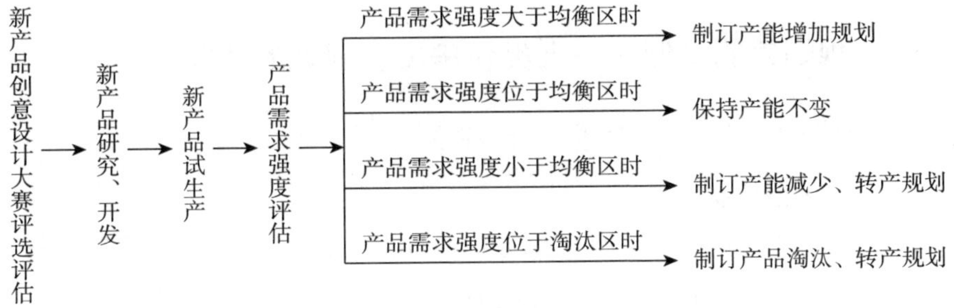

图3　产品开发、产能规划、产品淘汰的程序图

1. 新产品创意设计大赛评选评估

对还处于创意设计阶段的拟开发的新产品进行需求强度评估：举行新

产品创意大赛，先由一个专家组进行初选，再由各行各业的代表们组成大评选团进行投票评分，得到其好评分，再由一个专家团队进行成本估算和风险评估，好评分与成本风险估算值之比就可以得到拟开发新产品的产品需求强度排序。

2. 新产品的研究、开发

新产品的研究开发属于国家新开工项目类别，每年规划的新开工项目所占用的资源总量多少与国家的经济发展速度相关。

新产品需求强度位列前茅的拟研究开发新产品将进入实质性的研究、开发阶段。国家将举行研究方案的招投标竞争，由方案中标承包人组建研发团队，并与国家有关机构签订研发合同。国家根据研究方案和承包合同向研发团队提供或租赁研究开发所需要的相关生产资源，国家独立的研究开发监督考核机构负责新产品研发的跟踪监督、考核。

新产品的研究、开发过程中，国家将有一个专门的机构定期对新产品的研发方案和研究过程进行审查评估：对于不符合进一步研究开发的新产品，可以随时终止新产品的研发。

3. 新产品的试生产

对于新产品进入了定型阶段后，就可以投入小批量的试生产过程。

4. 产品需求强度评估

要对试生产出来的产品进行需求强度评估，以决定下一步的产品生产规划。

三、规划编制举例——人类住房发展规划的编制

1. 国有制经济体的住房产品特点

（1）住房租赁制

国有制经济体实行住房酒店化管理，住房和附属耐用消费品的所有权归国家，国家向民众提供住房租赁服务，个人只享有住房的使用权。

（2）二大类住房产品

国家向民众提供二大类住房服务产品：基本需求类住房服务产品和非基本需求类住房服务产品。任何人都可以免费预订基本需求类住房服务，国家对基本需求住房服务实行保障供给；非基本需求类住房服务产品则需

要通过竞价预订的方式获得，价格完全浮动，上不封顶，下不保底。

（3）人人享有自由定居的权力

人们可以自由地在全国各地订房居住，但每个地方的住房价格和基本需求住房的标准将会随着预订竞争的激烈程度而发生变化：非基本需求住房服务产品的价格将会随着预订竞争激烈加剧而价格上涨，基本需求住房服务产品的服务标准将会随着预订竞争激烈加剧而降低标准。比如，原来某个地区的基本需求住房标准是二个人共用一套标准间，但随着竞争激烈程度的上升，该地区的基本需求住房标准可能会下降到四个人共用一套标准间。

2. 住房规划的编制依据

（1）住房服务类产品的产能增减规划的依据

住房服务类产品的产能增减规划是指在未来的各时期中，住房服务类产品的新项目产能增加所需的生产资源量的增减。

住房服务类产品的产能增减的规划依据是住房服务类的类产品需求强度，住房服务类产品属于生活消费品大类之下的亚类产品，它的需求强度要通过与其他生活消费品类之下的同等级的亚类产品进行比较后得出。如果住房服务类的类产品需求强度越大，其制订住房服务类的产品产能规划时，住房服务类的产能增加新项目和新产品研发项目所占用的生产资源增量就会越多，即单位时间内开工建设的住房服务类的产能增加新项目和产品研发新项目的数量就会越多，单位时间内国家在住房服务类的资源投入增量就越多。

（2）每种非基本需求住房产品的规划依据

每种非基本需求住房产品的规划依据是种产品的需求强度。非基本需求住房产品（高级生活需求住房服务产品）的需求强度等于高级住房服务的租赁价格与其资源成本之比。

哪个地方、哪一种产品的高级住房服务产品的需求强度越大，国家规划部门在制订规划时就会加大提高该地区该种住房服务产品的产能。

由于知道了每种高级住房服务产品的需求强度和高级住房服务类产品的新项目资源投入的总量，每种住房服务产品的新项目的资源投入量也就可以计算出来了。

（3）基本需求住房产品的规划依据

基本需求住房服务类产品的规划依据是其类产品的需求强度。

基本需求住房产品虽然属于生活消费品大类，但由于其供求关系与公共服务类产品相同，因此，基本需求住房服务类的类产品需求强度大小应通过与公共服务类下的各类产品进行比较后确定，并且基本需求住房服务类产品的生产资源投入量的统计也归属在公共服务类产品之下。

基本需求住房产品的产能规划依据是基本需求住房产品的需求强度。某个地区的基本需求住房产品的需求强度是对该地区基本需求住房产品的不满意度，某个地区中某种基本需求住房产品的需求强度等于该种住房产品的好评度与其产品的资源成本之比。

（4）住房规划最终将体现人们自由定居的最大需求

国家根据住房服务产品的需求强度大小调整住房服务产品的产能规划，促使全国各地的住房产品的需求强度都保持在同一个均衡区内。只有当一个国家的各种住房产品的需求强度都维持在同一个均衡区范围内时，住房规划才真正满足了人们自由定居的最大需求。

第六章　生产方案指标承包竞争考核原理

生产方案指标承包竞争考核原理是指：国有制经济要抛弃以价值指标为核心的地区之间、单位之间的集体竞争考核机制，要建立一套以生产承包方案指标为核心的个人能力之间的竞争考核机制，每个单位的承包人和在岗工作者都要通过承包竞争的方式上岗，并接受全社会的民主监督、考核、奖罚，以保证每个单位、每个岗位的工作效率都处于最高状态。

数控经济学反对集体之间的竞争（单位之间、地区之间、家庭之间的竞争），鼓励个人能力之间的有序竞争，通过个人之间的公平竞争激发出每个人的最大潜能，并将集体之间的竞争转化成为个人之间的公平竞争，使整个社会的生产效率达到最大值。

国有制经济体必须是一个以生产方案竞争承包合同为纽带的经济体。数控经济学鼓励工作方案的竞争选优，以最终优选确定的工作方案作为签订工作承包合同的基础，以最终确定的工作方案的输入、输出生产指标为承包考核指标。

第一节　考核激励机制概述

一、现有竞争考核激励机制的分类

1. 私有制机制

私有制是在废除了原始部落公有制社会大锅饭式的经济发展模式后进化而来的一种经济发展模式，私有制是人类社会最早的承包激励机制。私有制是一种可世袭的承包竞争考核激励机制，它产权分明，责任明确，鼓励人们多劳多得，极大地调动了生产资料所有者的工作积极性，提高了整个人类的生产效率，为人类的发展和进步做出了巨大的贡献，私有制的出现使人类进入了一个全新的历史时代。

2. “主人翁”机制

“主人翁”激励机制也称为“公有制”激励机制，“主人翁”激励机制是起源于马克思主义，其含义在于：私有制是一种不公平的、剥削人的经济经济制度，只要广大的无产阶级夺取了政权、消灭了经济不平等的私有制社会经济制度、建立了国有制经济社会、实现了经济民主和经济平等、无产阶级当家作主、成为国家的主人后，就会自觉、努力地为国家、为自己努力地工作。获得主人翁的地位就是对无产阶级努力工作的奖励。因此，公有制经济主人翁机制的社会劳动效率自然要比私有制经济的劳动效率更高。

3. 竞选上岗激励机制

竞选上岗激励机制是指通过民主投票选举的方式获得社会重要工作岗位、获取权力和报酬的激励机制。竞争上岗激励机制是一种民意激励机制，即通过竞选获得荣誉和利益的一种社会激励机制。

4. 价值指标承包考核激励机制

价值指标承包竞争机制是指通过招投标竞争机制、签订货币价值指标承包合同的方式获取经济利益的激励机制。价值指标主要是指产值、利润、GDP 等货币价值指标。根据承包者是否达到约定的承包价值指标（产值、利润、GDP 增长率）对承包者进行奖罚。

二、现有激励机制的缺陷

1. 私有制激励机制的缺陷

私有制激励机制虽然对人们有很大的激励作用，但私有制激励机制还存在着如下比较严重的缺陷：

（1）浪费性

A. 生产能力的浪费

私有制经济在每一项工程招标竞争中，在充分竞争的环境下，至少应该有三家以上的可以独立完成该项工程的公司去投标，即每一个招标的工程量都必须至少有三倍的生产能力去竞争，企业的生产能力越大，在社会的竞争力就越强，将私有制的市场竞争演变成了生产能力的竞争，从而导致每个企业都尽可能地扩大自己的产能，几乎绝大部分企业的产能都大大超过实际的产量，因此，在私有制经济竞争的社会里，生产能力过剩是其经济的必然属性。

B. 产品过剩的浪费

在私有经济竞争社会里，绝大多数产品的生产都是非订单式生产，产品价格变化莫测，根据产品价格制订生产计划，从而不可避免地会出现产品过剩的浪费现象。只要当市场价格低于企业的预计价格时，就会出现大量产品卖不出去、积压过剩的浪费现象。

C. 矛盾体纠纷的浪费

私有制激励竞争机制是一个以自我利益为中心的利益相互冲突的矛盾体，社会经济内部的矛盾冲突与内耗，每一步都要为利益而争，只有双方累了、厌了、双方妥协达成协议后才会停止纷争，导致社会要付出大量的成本和浪费。

（2）非公平性

A. 考核机制不公平

没有独立的公正的考核机构，通常是利益冲突体的上级或资本家对下级或雇员的考核，或以资金利润为目的媒体参与评价考核。

在私有制市场利润考核激励机制的作用下，老师向学生收费、医生向病人收费，这种强者与弱者之间的不公平的考核激励机制将老师和医生变成了天使与恶魔的混血怪胎，迫使国家不得不制订大量的法律、动用大量的人力和物力来宣传道德人性、限制老师和医生对利润的贪婪追求。

B. 资本的差异对公平竞争的破坏

在私有制社会中，好品质的产品不一定能战胜差品质的产品，因为在私有制的市场竞争中，决定竞争胜负的重要因素之一是资金势力的雄厚。在资本掌控媒体的市场经济，是非曲直常常是根据金钱数量的大小而变化，公平的竞争常常变成了资本的竞争。

C. 家庭背景对公平竞争的破坏

家庭背景的好坏往往可以影响一个人的未来，导致人们天生就处在不平等的人生竞争的起跑线上。

D. 集体竞争的不公平

私有制的竞争是建立在集体竞争的基础之上的竞争。集体竞争是指在私有经济社会里发生在单位、地区、家庭之间的竞争，这种集体竞争会导致有些人无错受罚或无功受禄，因此，会出现无故受牵连的不公平现象。某一个人的工作错误常常会导致同一集体中其他正确工作的人遭受无辜的惩罚。

2.“主人翁”激励机制的缺陷

社会主义国家的几十年的实践证明，通过国有化改革，对广大无产阶级来说，主人公激励机制只能有短时间的精神激励作用，没有长期的激励作用。国有制实行的时间越长，吃大锅饭的现象越严重、劳动效率越低。仅依靠主人翁激励机制是无法形成长期有效的激励作用，国有制必须与民主制相结合后建立相应的工作业绩考核奖罚制度，才能发挥持续稳定的激励效果。

任何一种一成不变的“精神”激励，如果脱离了现实生活的物质和生理的刺激都不可能达到长久的激励效果。

3. 竞选激励机制的缺陷

竞选奖励机制虽然有一定的激励作用，但也有二个缺陷：

（1）无法保证最优秀人才竞选成功

大众选民并不真正了解候选人，其思想很容易受到舆论的误导和表象的欺骗，竞选上岗的人不一定是最优秀的人，从而导致哗众取宠人士与空头支票表演家大行其道。

（2）竞选上岗者不受业绩指标考核的约束

现代社会竞选上岗者只要不违法、没有严重的工作失误，工作干得好坏与否并不影响其生活和工作待遇，因为没有业绩考核指标和权威公正的考核机构，胜选者曾经的竞选承诺并不是对其进行考核的依据，也没有专门的机构对当选者的工作业绩进行考核，不能保证上岗的工作人员全力以赴、尽心尽责地努力工作。

4. 货币金融价值指标承包激励机制的缺陷

由于价值指标并不能清晰地反映出某个单位或某个工作人员的工作好坏的真实状态，（比如：某个农庄的工作人员工作非常好，取得了大丰收，却因为其生产产品的价格下降而得不到奖励；或某个农庄的工作人员工作非常好，即将取得大丰收，却因为收获前的一次无法预测的天灾而遭到严重损失，其产值和利润都下降），价值考核激励机制存在着不公平、不科学、责任不清、功过不明、考核不严谨、奖罚不清晰、容易挫伤人们积极性、不利于改进工作等问题。

三、国有制经济的竞争考核激励机制的设计要点

1. 竞争是人类社会前进的动力

竞争是人类社会前进的动力，没有竞争人类就不可能向前发展，没有竞争人类就会被其他生物所灭亡或被自然灾难所灭绝。

追求竞争成功的快乐是每一个人的精神需求。数控经济学认为：国有制经济并不排斥竞争，而是反对非公平竞争、反对低效竞争、反对在地区、单位、家庭之间的集体竞争、支持个人之间的公平竞争、通过个人竞争发挥每个人的最大潜能、实现社会最大产出为最终目的。

2. 科学的竞争原则

数控经济学提倡的科学竞争原则是："重奖成功者、扶持失败者"。对竞争的成功者要给予大力奖励，让成功者成为他人学习的榜样；对竞争的失败者要进行帮助、扶持、疗伤，查找失败的原因，帮助他们重新站在竞争的起跑线上。

3. 工作方案的竞争选优是个人竞争的焦点

人类的优势是大脑，个人之间的竞争主要是大脑的竞争、智慧的竞争、思想的竞争，而不是蛮力的竞争。个人竞争在工作上的焦点是工作方案的竞争选优，工作方案的竞争选优是成本最低、最文明、最有效的人类社会的竞争方式。

数控经济学为国有制经济设计的竞争模式就是工作方案（包括生产方案、设计方案、承包方案等等）的竞争，谁要主导未来某个单位的工作，谁就要先拿出来你未来单位的工作方案，通过对未来单位的工作方案的可行性分析与比较、论证、选优等竞争，来判断谁最有能力胜任某个单位领导工作的人选。

工作方案是未来单位（项目）工作方案的简称，是指承包人对未来单位的工作方法、工艺流程、突发事件的应对措施、投入产出指标的说明和论证。

工作方案竞争是激发人们精神斗志和智慧的最有效、最文明、最节约的方式，是保证每个社会单位高效率工作的基础，承包责任合同考核制是保证人们工作责任心和工作积极性、维护社会经济稳定运行的基本保证。

4. 单位承包竞争合同制是国有制经济高效稳定运行的基础

数控经济学认为，国有制经济必须是一种法制经济，是一种以法律合同为单位之间联系纽带的经济模式。一切经济活动都是以工作合同为依据。

单位承包竞争合同制是指通过工作方案的竞争选优和平衡匹配后确定单位工作实施方案和单位承包责任人、国家与单位承包责任人签订工作合同、根据工作合同中确定的考核指标对承包人进行考核奖罚的一种生产工作模式。

承包竞争合同制是社会系统化管理的重要举措，社会单位之间的供求协作关系都是通过合同法律关系进行无缝对接，每个单位的责任范围清晰明确，有利于发挥个人的能动性和积极性。更重要的是，单位承包竞争合同制是建立在自由、竞争、公平、匹配、法制的基础之上，便于提高工作积极性、追究责任、查明错误和纠正错误，是国有制经济高效稳定运行的基础保证。

5. 最科学的考核是生产方案指标的考核

承包竞争中的考核指标可以分为两类：经营指标和生产方案指标。

经营指标也称为价值考核指标，它是指根据单位的投入产出的价值指标对单位承包责任人进行工作业绩考核的指标。

生产方案考核指标是根据单位承包方案中的实际生产资源的直接投入和实际产品产出的性能指标对单位承包人工作业绩进行考核的指标。生产方案考核指标最能体现一个人工作的能力大小、工作业绩的好坏。

生产方案指标的投入主要包括：原材料、零（部）件、配件、燃料、动力、厂地、设施、设备、工具、人力资源的数量、质量、时间的输入要求，对信息、安全、运输等服务的输入要求，还包括对自然气候条件及外部环境的输入要求等。

生产方案指标的产出主要包括：产品的种类、性能和数量，废品、污染物、残剩物的种类和数量，生产中产生的声、光、热对环境的影响，生产设施、设备、工具的损坏物产出，还包括各种产出的产出时间要求条件。

将生产方案中的投入指标和产出指标的种类、数量按时间顺序列成表格，该表格就称为生产方案的生产投入产出表。生产投入产出表常常是某个工作方案（或工作合同）的一部分或附件。

6. 最好的奖励是精神奖励与物质奖励的统一

数控经济学为国有制经济设计的奖励是消费金。消费金是个人对社会做出劳动贡献大小的证明文件，同时也是购买个人生活消费品的权证，人们在获得社会荣誉（消费金）和精神奖赏的同时，还可以收获更加如意的物质生活——人们因对社会做出了贡献而得到精神与物质双重奖励。

第二节　生产方案指标承包竞争考核激励的运行程序

一、生产方案指标承包竞争考核激励的程序图

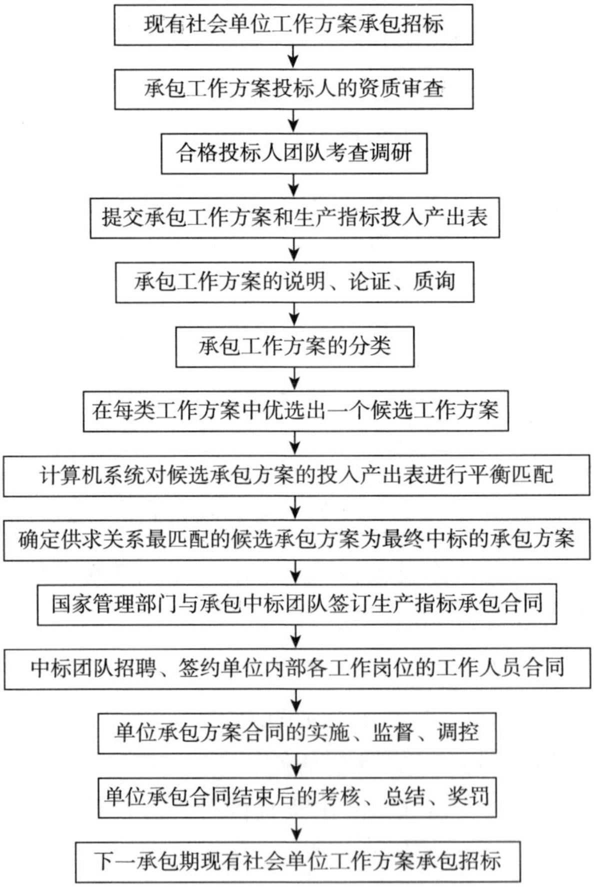

图 4　生产方案指标承包竞争考核激励程序图

二、生产方案指标承包竞争考核激励程序图的相关说明

1. 现有社会单位承包工作方案招标

现有社会单位有二类：一类是指原有的项目工作承包合同即将到期、即将开始下一个承包期的现有社会单位；另一类是指由项目建设单位转为项目运行单位的现有社会单位。

社会单位因项目工作合同的开始而产生，因项目工作合同的结束而消失。即：社会单位因项目责任人的存在而存在，因责任人的消失而消失，没有无项目责任人的、无项目工作合同的单位。项目单位的承包责任人通过一期又一期的承包合同进行无缝对接。

国家有专门的科学民主管理机构负责全国现有社会单位的承包工作方案的招投标竞争选优工作。

2. 承包工作方案投标人的资质审查

不是所有的人都有资格参与某个单位的工作方案竞争选优的投标，参与某个单位的工作方案投标的主要责任人和次要责任人都必有相应的资格证书并通过国家专门机构的资格审查后才可以参与投标工作，取得某个工作单位工作方案投标资格的投标人可以组建自己的工作团队，其工作团队可以与国家有关部门签订工作合同、享受国家分配的相应标准的办公资源、权力、责任和劳动报酬。

入选每个单位的合格投标人的名额数量最少不低于 2 个，最多不应多于 5 个。其工作团队的人数按国家相关标准执行。

有资格的投标人团队可以参加多个单位的投标，也可以承包多个单位的合同工作，如果在一定的时间期限内一个中标项目也没有，其投标人的资格有可能被取消，或其工作团队的规模有可能被缩减。

投标工作团队负责人与工作团队成员之间的关系为招聘服务合同关系。

招投标工作结束、没有中标的投标团队将自动解散（除非另有其他投标工作），中标的投标团队则自动转为项目承包团队，并与国家签订相关的承包责任合同书。

3. 合格投标人团队考查调研

合格的投标人团队有权到与承包工作相关的现场进行考察调研，有权

收集与投标单位相关的一切工作信息，有义务保密国家规定的非公开的信息。合格的投标人完全享有平等的考察调查权。

4. 提交承包工作方案和生产指标投入产出表

投标人必须在规定的时间向国家招标机构提交单位承包工作方案和相对应的生产指标投入产出表。

5. 承包工作方案的说明、论证、质询

投标人必须在国家相关机构组织召开的方案论证会上对自己的工作方案进行说明、论证，并接受相关专家的质询。为了防止投标人之间的剽窃行为的发生，在进行公开论证说明前，每个投标书必须封存保密；为了防止中标决策机构内的决策人与投标人熟悉而影响决策的公正性，承包工作方案的说明、论证、质询会可以采用非真实的面对面的会议形式，而是采取即时信息传输的方式，即承包方案决策机构的投标决策人并不知道某个承包工作方案的投标人是谁。说明、质询双方的信息由说明会的主持人审查后转发给对方，以防通过信息暗示各自的身份。即在工作方案说明、论证会上，决策者不知投标者是谁，投标者不知决策者是谁。

6. 承包工作方案的分类

如果投标人提出的承包工作方案的种类和数量较多，国家招标机构应先对工作方案进行分类。

比如，一个原设计生产能力100万吨的煤矿投产多年后，其下一个五年承包期的产出有至少五类产出方案选择（年产80万吨、年产90万吨、年产100万吨、年产110万吨，年产120万吨），并且每一类产出又可以用多种生产方案来实现。因此，在对工作方案进行选优前应该对生产方案进行分类，为方案的选优工作打下基础。

7. 在每类方案中优选出一个候选工作方案

国家招标机构的专家委员会在每类方案中选取一个最优秀的承包工作方案作为候选工作方案。有多少类方案就有多少个候选工作方案。

比如：在年产80万吨、90万吨、100万吨、110万吨、120万吨生产方案类中各选取一个最优（投入产出效率好、方案可靠性好）的工作方案作为每类方案的候选工作方案。

8. 计算机系统对候选承包方案的投入产出表进行平衡匹配

国家计算机供求平衡匹配测试系统对每个候选承包方案的投入产出表进行平衡匹配，对每一个候选承包方案的生产品的供求关系进行平衡匹配测试。

平衡匹配的目的是在最优秀的候选方案中选取一个与外部供求关系最匹配的候选方案为某个单位的承包方案的蓝本，以保证每个社会单位的实施工作方案不仅在单位内部是最有效率的方案，而且在外部环境中也是最匹配、最有效率的工作方案。

（注：国家计算机供求平衡匹配测试系统是一种可以自动对一个国家各单位之间的生产方案的供求关系进行供求点配对、平衡计算的计算机信息网络系统，只要将每个单位生产方案的投入产出表和单位地点等信息输入到该系统中去，该系统就可以知道每一种产品在任意某个时间段的供求关系的平衡匹配情况。详情可见本书第八章：生产方案平衡匹配原理。）

9. 确定供求关系最匹配的候选承包方案为最终中标的承包方案

国家相关机构根据计算机供求平衡匹配系统的测试情况和相关专家委员会的意见确定最匹配的候选承包方案为最终中标的承包方案，并确定单位承包人的最终人选。

10. 国家管理部门与承包中标团队签订生产指标承包合同

国家管理部门的专家与承包中标人团队对中标的承包方案进行最后的修改协商后确定最终承包方案，由国家相关管理部门的责任人与中标团队的第一责任人签订生产指标承包合同。

11. 承包中标团队招聘、签约单位内部各部门各岗位工作人员工作合同

与国家管理部门签约后，中标团队还要举行招聘会，与承包单位内部各岗位的工作人员签订岗位工作合同，明确各个工作岗位的工作内容、权利、义务、责任。招聘和签约的过程都要受到国家相关机构的监督，其岗位工作合同都要在国家监督机构中备案，其岗位合同书还是国家机构监督、考核、支付劳动报酬的重要依据。

12. 单位承包方案合同的实施、监督、调控

单位承包合同签订、生效、开始实施后，如果没有意外事件的干扰、破坏、责任人的责任松懈，各单位之间的供求关系和单位内的工作就会按照合同规定的内容正常运行了。但各种意外事件总是难免发生，为了尽快平息意外事件对整个社会经济运行体系产生的连锁干扰反应、将意外事件的干扰影响降低到最小水平，国家要建立一套生产方案承包合同实施的监督、调控体系，建立完备的监督、调控、协调机制，以保证社会整体生产方案的顺利实施。国家监督与调控机构的核心责任是防止社会各单位的工作出现问题，其具体工作职责和内容如下：

（1）监督各单位完善各种应急处理预案和应急预案的演习；及时调整各地应急设备和物资的库存储备系数；

（2）及时掌控各单位的运行数据，提前发现问题、提前发出应急预警；对运行数据和相关证据及时备案，为界定事故责任人、总结事故教训、对人员进行考核提供依据；

（3）及时评估损失、界定事故责任、启动应急民主仲裁机制及时处理矛盾纠纷；

（4）及时协调各单位采取应急补救措施、修改承包方案、签订补充合同、尽可能减少局部意外事件对整体经济运行的不良影响。

为了防止监督、调控机构的工作停留在表面形式上、不能及时发挥重要作用，数控经济学为国有制经济设计了一个责任追究完善机制。责任追究完善机制是指：一旦社会运行出现问题、给社会带来损失后，国家就要有一个专门的独立的民主调查机构对造成损失的责任人进行层层追责；首先要追究监督管理协调机构的监督失职责任，其次要追求当事人的操作失职责任；如果问题的产生和事件的发生是由于法律管理制度的空白造成的，那么，独立的民主调查机构还要启动制度立法的完善程序，通过完善法律制度来防止类似事件的重演。

为了保证监督机构的工作效率、提高监督工作人员的工作责任心，数控经济学为国有制经济设置了二套监督管理机制：专业的监督管理机制和业余的监督管理机制。专业的监督管理机制是指由国家专业监督管理岗位上工作的合同工作人员组成的监督管理机制；业余的监督管理机制是指由非专业监督管理岗位上的人员组成的监督管理机制，数控经济学规定：任

何人都有权、有责任、有义务对违法行为向专门机构进行监督、举报，该专门机构与国家专业监督机构是互相独立的，一旦监督、举报获得该机构的认可、有效，则举报人可获得国家的相应奖励，违法者和专业监督者将受到相应的惩罚。

13. 各单位承包合同结束后的考核、总结、奖罚

每个单位的承包工作合同执行完毕后，每个单位的承包人和监督管理机构都要各自独立地写出书面总结报告，总结经验教训，对有推广意义的新的经验教训和新的预防措施还可以申请国家创新奖励。

国家要有专门的机构对承包方案的承包人、监督、调控人的工作情况进行独立的考核，其考核结果是个人劳动报酬和工作奖惩的主要依据，也是某个人今后参与竞争竞标、申请相关工作资质的依据。

数控经济学认为，要避免单一的上下级当事人之间进行的不公正考核模式，利用独立、公正、完善的专业监督考核机构对每位在岗工作人员进行公正的监督和完善考核，在上下级之间、同事之间、服务者与被服务者之间广泛征求意见，随时进行监督备案，以数据、事实为基础，以法律文件为依据，最后统一由国家监督考核机构对每个在岗工作人员的工作业绩进行科学民主决策式考核，并留档备案。

第七章　公正评价原理

公正评价原理是指：为了便于国有制经济的决策和对个人行为的奖罚提供客观、科学的依据，国有制经济要建立和健全一套完善的、独立的、民主的、权威的、数字化的公正评价体系，要对每种产品的性能、每个人的能力、每个人对社会的贡献进行客观公正的评价与考核。

公正评价体系是指对某个人、某个产品或某个事物的善恶性质及善恶程度进行判断的社会机制与社会标准。公正评价体系也是对产品需求强度进行评价的基础。如果社会没有一个完善的、独立的、民主的、权威的公正评价体系，就会造成人们的思想混乱、是非不清、经济发展摇摆不定，人类会常常因为没有明确的追求方向而陷入无所适从的状态，并且还会产生大量的社会纷争。

公平竞争是社会前进的主动力，但没有公正评价体系的竞争是一种不公平的无序竞争，无序竞争则常常会引发社会的动荡、产生巨大的破坏作用。

第一节　现有社会考核评价体系存在的主要问题

现有社会评价体系在评价标准和评价机制均存在着严重的问题和缺陷。

一、评价标准存在的问题

目前社会的评价标准有价值评价标准、法律评价标准、道德评价标准、竞赛评价标准等几种。这几种评价标准均存在不同的问题。

1. 价值评价标准在在的问题

价值评价标准是指用财富价值指标为标准单位来度量人们的能力、对社会的贡献、产品作用的好坏、经济发展水平的一种评价标准。它主要是用价值指标来判断是否成功及成功的大小。比如：一个人或一个产品在某个比赛中获得了大奖，但其产品或其人如果不能赚钱或赚钱不多，也不能算是成功；或者一个人获奖成名后如果不能利用其出名而赚到钱或者还在为钱而奔波也不能算是成功。从另一方面说，一个人或一个产品没有获得任何大奖、但其产品或其人能够赚大钱也算是成功的。这就是价值评价标准，价值评价标准是目前绝大多数人经常使用的评价标准。

产品越赚钱就越好，人的财富越多越受人尊敬，产值越高、经济就越发达。在价值评价标准的作用下，财富价值就是成功的标尺，不可避免地滋生了强烈的拜金主义思想，价值标准成为引导人们进行违法犯罪高技术产生和花样百出的主要诱因：一个人只要没被证明其财富是违法所得，财富就是一个成功人士的标志。

实际上，由于市场经济的产品巨大的价格波动造成大量的投机敛财和财富来源的多样性和不透明性，财富获得的正当性、公平性本身就是受到质疑，因此，价值评价标准的公正性早就失去了科学性和权威性。只是目前人类还没有找到一种更好的评价标准来替代价值标准，所以人类目前还不得不继续使用它。

2. 法律评价标准存在的问题

法律评价标准是指通过立法的手段来评判是否有罪的法律标准来评价人和产品的是非好坏的一种评价标准。

法律评价标准存在的问题在于其标准过于粗宽，只能起到定性评价和划界的作用，不能对界内的是非好坏进行定量的评判和评价。

3. 道德评价标准

道德评价标准是一种基于人们思想观念上的行为准则评价标准。

道德评价标准虽然比法律评价标准细致而比较全面，但仍然还是很欠全面和不具体，其中最大的缺陷在于道德标准没有强制的约束力和标准的约束力，人们对很多不合道德规范的行为也无可奈何。

4. 竞赛评价标准

竞赛评价标准是指为了选优竞赛而制订的评价标准。

竞赛评价标准是一种小众的评价标准，只对竞赛参与者具有某种评价作用，评价标准也是零星、不全面、不配套。竞赛评价机制的目的主要是通过竞赛选出最优者，它不并对每个参与者进行完善的评价，更不对全社会的工作人群都进行评价，虽然也能为社会树立榜样、有激励的作用，但对很多人并没有直接的实际评价意义。

比如：美国奥斯卡电影奖，只对某些优秀的影片或优秀的电影某个方面进行评奖，只有评奖标准和规则，并不是对所有的电影进行全面评价的一个标准，其他影片的好坏评价就无人过问。

二、现代评价机制存在的主要问题

现代评价机制都存在着评价不独立、不公正、不全面、不精确的问题：

1. 自我评价机制

自我评价机制又称“王婆卖瓜评价机制”。这种评价机制的特点是自己到处宣传说自己的产品好、自己的能力强，自己推荐自己，包装自己，自己为自己做正面的广告宣传，千方百计隐藏或缩小自己的不足、过失，曝光或放大自己的成功，从而使自己得到较高、较好的评价。

2. 舆论操控评价机制

舆论操控评价机制是指对产品或对人的评价受到媒体舆论的影响和操控。现在的很多人的选举和产品的评价都要受到舆论的操控、导向。很多的民意调查机构和新闻媒介常常是有自己的立场和偏见，很难做出公正的评价。

3. 金钱操控评价机制

金钱操控评价机制是指现代社会的评价过程常常可以受到金钱的影响和操控。

很多影响评价的机构都需要资金维持生存、甚至以赢利为目的，因此，金钱不仅可以操控舆论、买到好评，而且好评又可以换取更多的金钱。除此外，金钱还可以收买很多与评价相关的人物和机构，从而颠倒是非黑白，虽然国家有法令明令禁止金钱与评价的违法交易，但在市场经济的利润追逐机制下，这种事例仍然在地下大量存在。

4. 专制评价机制

专制评价机制是指由上级领导决定对下属的评价、老板决定对员工的评价，或由权威人士决定对某个人或某个产品的评价。我们现在有很多人的工作评价完全取决于某个上级领导或某个老板的点头或摇头。

5. 名气操控评价机制

名气操控评价机制是指人们常常根据作者的名气来决定其产品和其行为的评价。比如：因为是某个著名的作家的作品，许多评委才给予高分、很多观众才去观看；因为有自己喜欢的著名演员参演的电影而去观看、给予好评；因为有著名的明星给某种产品做广告而喜欢或信任某种产品，这种评价机制也可以称之为爱屋及乌式的评价机制。

6. 含糊评价机制

含糊评价机制是指某个产品获得好评，但功劳所属却含糊不清。比如一首歌曲获奖了，是歌唱者的功劳大、还是词曲作者的功劳大、还是现场演奏乐曲的乐队功劳大、还是其他参与者的功劳大？同样，一部电影获奖了，也存在着功劳所属不清的问题。

第二节　公正评价体系的要点和原则

一、独立、民主、专业的评价机构

评价机构主要是指评价法律、标准的制订机构、评价实施机构、评价纠纷仲裁机构。这些机构应具有如下特征：

1. 独立性

独立性是指上述三个主要机构只受法律的约束，不受任何个人的管理，只按法律规范标准组织、运行、工作。评价机构必须是各自独立的机构，不能制订标准、评价实施、评价仲裁均由一个单位说了算。

上述三机构的人员招聘任命由国家人事考核招聘管理机构负责招聘任命签约，聘期结束后自动离职。

独立性不仅只限于上述三个主要机构，还包括公正评价机构内外的各机构的独立性，机构管理机构、机构按法律规定行事，民主集体决策为主，个人自由度量、决策的空间很小。

2. 高效性

高效性是指考核评价工作的每一个程序都要有明确的时限性，要在限定的时间内完成评价工作，超过时限则必须有专门的机构进行责任追追究。

3. 民主性

评价标准制订、评价决策、仲裁决策都要遵循民主投票决策的基本程序，要保证决策的公开、透明，不能由一个人说了算，暗箱操作。

4. 专职性

专职性是指有专职考核评价机构、专职考核评价人员为主的考核体系，考核评价人员要征求与评价对象有关系的非专业考核评价人员（同事、顾客等人员）的意见基础之上再进行民主决策。

5. 纠纷仲裁

当有人对考核评价结果异议时，可以申请纠纷仲裁，还可以聘请、咨询专业机构代为当事人处理纠纷仲裁。纠纷仲裁的败诉人不仅执行纠纷仲裁的判决，还要承担纠纷仲裁导致的仲裁产生成本的惩罚，纠纷仲裁的胜诉人可以得到相应的奖励，以提高人们提起纠纷仲裁的慎重性。

二、科学公正的考核评价原则

1. 人人受评原则

人人受评原则是指每一位在岗位上的工作者的工作成效都要接受公正评价机构的考核评价，不能有一个人例外，只有获得考核评价机构的评价后的劳动贡献才能得到社会的承认并获得相应的劳动报酬（生活消费金）。

人人受评原则的实施难点是谁对监督考核评价部门进行监督、考核、评价？数控经济学设计了一种“大循环监督考核评价”的方式对监督、考核、评价机构进行自我监督的方法，即：专业评价机构 A 兼顾负责对专业评价机构 B 进行监督、考核、评价，专业评价机构 B 兼顾负责对专业评价机构 C 进行监督、考核、评价，专业评价机构 C 兼顾负责对专业评价机构 D 进行监督、考核、评价，专业评价机构 D 兼顾负责对专业评价机构 E 进行监督、考核、评价，专业评价机构 E 兼顾负责对专业评价机构 A 进行监督、考核、评价。

公正评价机构的工作人员如果在岗工作中出了严重失职或违法犯罪等行为，任何掌握证据的人都有权提起诉讼，交由国家专门的监督、司法机构负责审判、仲裁，胜诉者有奖，败者应当受罚。

2. 数据为证原则

数据为证原则是指要建立清晰的数字化（量化）的评价标准，任何评价都必须有试验数据、统计数据、调查数据为基础依据。

评价机构通常并不直接对某个人或某个产品进行评价，而是负责组织实施评价工作，收集、调查大家的评价意见和评价证据后，再根据国家评价标准做出民主评价意见。在没有评价标准依据时，可以先做出评价意见，再将标准缺失情况转告评价标准制订机构，要求评价标准制订机构定期制订相应的评价标准，为以后的评价提供依据。

3. 双盲评原则

双盲评原则是指：评价者不知道被评价者的身份、真实姓名或作品的主人，被评价者也不知道谁是评价者。

有些评价工作必须要采取双盲评原则，其目的是为了保证评价的公正，以防止因为作者（或生产者）的名气、身份、经历等信息对评价者产生不必要的先入为主的误导、干扰，影响其对产品（作品）的评价，只能就事论是。为保证评价的客观和公正，应该尽可能地隐去一切与产品性能、质量评价无直接关系的信息，还要对参评人员进行某些信息的屏蔽，同时还要采取通过抽签决定评委的方式使被评价者事先并不知道由谁具体负责评价，防止提前进行感情投资，影响公正评价。

比如，对歌唱家的歌唱水平进行评价时，就要采取双盲评的方式：评委是在通过随机抽签的方式在评委库中选出的评委，被评价者是不知道的；评委也不知道哪首歌是哪位歌唱家唱的，甚至让待评价的歌唱家们都唱同一首歌曲，然后再由评委只根据隐去了唱者名字的歌声或录音进行评价打分，然后根据评价分的高低确定歌唱家的歌唱水平的高低或歌声受欢迎的程度。

4. 平等宣传介绍原则

为了防止不公平的竞争和不公正的评价，防止因产品宣传信息发布的方式和内容的不同而误导、影响对评价对象的正确评价，因此需要制订平等宣传原则。因为产品的宣传介绍常常影响人们对产品的评价。

平等宣传原则是指：对个人或对某个产品进行宣传介绍时应按照统一的格式、按照统一的规范标准、由统一的机构编写宣传介绍信息，并由统一的信息平台按统一的标准发布产品介绍宣传信息。

比如，某个产品在正式投入社会之前都要有一个试用过程：随机挑选了包含各种人群的试用者一万人（为了公平的原则，试用者不知道产品的设计者和生产者的名称和单位，设计者或创作者的名称都可以用代码来表示），由国家权威试验机构主持设计试验和书写试用报告，试用报告的数据应包括：总体满意度、具体满意度（具体地方的评价分）、各个人群的满意度（各个不同的人群对总满意度、具体满意度的评分）等等。

宣传介绍的主要内容：产品试用报告的具体满意度和各人群满意度、国家权威机构测试的产品性能数据和指标。

为了防止先入为主的诱导作用，无论是测试报告的总体满意度还是日后正式投放社会后的实际调查的总体满意度的最新信息都不要向社会公布，只要符合国家标准的产品就可以公开使用，产品的满意度指标等指标主要是为国家考核机构对设计者进行考核考评的主要指标，不要让这个指标影响后来使用者的选择。

产品宣传介绍的主要目的是为了客观地公示产品的特点、让用户迅速寻找到最适合自己的产品，而不是为了让还没有使用过某种产品的消费者对某个产品产生事前的好恶感。因此，为了防止创作者对使用者的评价干扰，产品的宣传介绍严禁泄露创作者的信息。

客户的评价意见只有客户自己和相关评价机构知晓，不能让未来客户知晓、不能影响对未来客户的评价。

5. 评委随机选择原则

评委随机选择的原则是指挑选参与考核评价的人要由一个专门的机构尽可能采取随机选择的方式进行挑选。

“尽可能采取”随机选择是指在有时不一定非要采取随机选择的选择方式。有时在合格的评委数量有限的情况下，可以采取指定评委的方式。比如，如果某个人的服务对象很少，此时可能就需要全部被服务的人都要参与对该人的评价考核。

6. 评委追责原则

评委追责原则是指：为了保证让评委们的工作认真负责，每个评委的考核评价意见都要记录备案，为日后对评委工作的业绩进行评价提供依据、为对评委进行考核追责提供依据。

一个评委无论是赞成票、反对票或弃权票，都要进行追责行为，以保证每个评委都要为自己所投下的一票承担相应的责任。有专门的机构专门负责对评委过去某个年代的工作进行评价、鉴定，以保证评价工作的质量尽可能经得起历史的考验。

第三节　评价对象的相关说明

一、对人的工作能力、工作业绩、社会贡献的考核评价

1. 对工作能力的考核评价

（1）按技术等级的考核标准进行定期考核评价

（2）根据个人单项能力的竞赛成绩确定相应的能力水平

（3）根据人才的需要进行公正的竞争、评价和选拔

2. 对实际工作业绩的评价

根据劳动合同中的工作内容和工作质量标准对实际工作情况进行对比、评价、考核。

3. 社会贡献的考核评价

根据每个人完成的工作的难度系数、工作岗位的竞争度、完成工作的质量高低、完成的工作总量，按照国家的统一标准折合成对社会的劳动贡献分，可以将劳动贡献分按比例转换成个人生活消费金。

二、要对每个产品的性能质量和实际效果进行客观公正的评价

1. 对新投入使用的正式产品进行公正的评价

要根据国家的评价标准和评价方法，及时地对某个新投入使用的正式

产品的性能质量和实际效果进行客观公正的评价。如果国家还没有制订某个产品的评价标准和评价方法，则评价实施部门应独自制订临时的评价标准和评价方法、及时对某个产品进行评价，同时要向国家评价标准和评价方法制订机构递交评价标准制订申请，国家评价标准和评价方法制订机构收到评价标准制订申请后应在法定的时间内组织相关人员完成相关标准的制订、审查和批准工作。

2. 要定期对正在使用的老产品进行追踪评价

除了对新投入使用的正式新产品进行公正评价外，国家还有专门的机构负责对长期投入使用的老产品进行追踪考核、定期评价，并根据考核评价结果对产品的设计者和生产者进行追踪考评和追加奖罚。

第八章　生产方案平衡匹配原理

国有制经济要建立一套对国家各单位的生产方案供求关系进行平衡匹配测试的计算机平衡匹配测试系统，通过对每一个社会单位优选出来的候选承包方案的外部供求关系进行平衡匹配测试后，选取一个生产品供求关系最匹配的候选承包方案作为每个社会单位的承包实施方案，确保国家制订的国家生产方案中的社会各单位的生产方案不仅是最优的，而且社会各单位之间的生产品供求关系也必须是平衡匹配的。

设计或评价一个国家制订的经济（生产）方案的好坏标准应该有四个：一是社会生产的最终产品是符合社会的需求（产品的需求强度比较大）；二是每个社会单位的生产效率是处于较高的水平；三是每个社会单位的生产方案是可行的；四是国家生产方案的生产品供求关系是平衡匹配的。其中：国家规划部门负责保证第一个标准的执行；国家生产方案招投标承包竞争选优、国家生产监督调控部门负责保证第二、第三个标准的执行；国家生产方案平衡匹配测试机构负责第四个标准的执行。

在本书之前的几个章节中，已经讨论了前三个标准的实施问题，在本章中，将重点讨论第四个标准的实施，即一个国家的生产方案的平衡匹配。

生产方案平衡匹配之所以在各单位工作方案的竞争选优基础之上进行就是为了不仅要保证每个社会单位的生产的可行和高效率，还要保证整个社会生产体系的可行和高效率。因为，只有个体单位的生产方案是可行和高效率并不能保证国家整体生产方案的可行和有效，因为社会整体生产方案的生产品的供求关系的不平衡、不匹配，就会导致未来某些生产单位的生产品需求无法保证，从而导致某些生产单位的生产方案无法实现，最终导致整个国家的经济运行方案的无法实现。

第一节　生产方案平衡匹配的必要性和可行性

一、生产方案平衡匹配的定义

某个单位的生产承包方案简称单位生产方案，一个国家的生产方案（简称国家生产方案或国家经济方案）是国家全部社会单位的生产方案的集合。

在市场经济社会里，虽然在理论上每个国家也有一个国家生产方案，但国家并不了解国家生产方案中的每个单位生产方案，每个单位的生产方案大多属于单位机密，并不向国家通报，国家单位之间的供求关系大多并不明确。而在国有制经济社会里，国家生产方案（国家经济方案）不只是国家各单位生产方案的简单累积相加，还要求各单位生产方案之间必须保持着生产品供求关系的平衡匹配。

国家生产方案的平衡匹配是指：国家要对每个单位优选出来的候选承包方案的投入产出表与其外部环境中各单位的生产方案的投入产出表进行平衡匹配，使每个社会单位的生产方案的生产品供求关系都与其未来环境中的生产品求供关系相匹配，使国家全部生产方案的生产品的供给与需求保持平衡匹配。

一个平衡匹配的国家生产方案应具有如下基本特征：

1. 中间产品（生产品）不仅在宏观的供求总量上保持平衡，在微观的供求关系上也都保持匹配，并且国家的总供给量要略大于总需求量；

2. 总产出大于总需求的国产中间产品都制订了相应的出口换汇的贸易方案，并且出口换汇的产品基本上都属于主动剩余产品；

3. 总产出小于总需求的国产中间产品都制订了安全、可靠的进口贸易方案来弥补中间产品的需求短缺，并且进口的中间产品基本上都属于有意短缺的中间产品；

4. 国家的进出口贸易的外汇总量要保持基本平衡，并且国家要保有一定水平的外汇储备和物资储备，国家还要有应对大的意外事件发生的应急预备方案。

（注：1. 主动出口换汇类产品是指符合国家出口换汇政策、国家有规划地使产能大于国内需求的产品，即属于国际需求强度大于国际平均需求强度以上的产品；2. 被动出口换汇类产品是指国家还来不及减少某种不符合出口换汇政策、产能大于国内需求的出口换汇的产品，即属于国际需求强度小于国际平均需求强度以下的产品；3. 有意短缺的中间产品是指由于生产成本高于进口成本、国家有意降低某种中间产品的产能使其产能低于国内需求的产品。）

二、生产方案平衡匹配的必要性

1. 生产品供求关系短缺的生产方案是不可能实现的生产方案

制订生产方案是人类的基本特征，是人类走向有序、避免混乱的基本手段。制订生产方案已经是现代社会一件非常普遍的、十分重要的工作内容，甚至是一个单位的不可缺少的工作内容；如果事先没有制订比较详细的生产（工作）方案，人们几乎是寸步难行，生产（工作）生产方案是很多单位和地区进行可行性审批的必要条件。

国家生产方案能否实现的必要条件之一是其生产品的供求关系能否得到保证（即其供求关系是否与外部社会环境的供求关系保持平衡匹配，尤其不能出现生产品短缺的现象），如果一个单位的生产方案的供求关系与周围环境的供求关系不平衡匹配、出现短缺的现象，那么，该单位的生产方案就没有实现的可能。供求关系的平衡匹配是生产方案能否实现的基本条件之一。

2. 供求关系不匹配是市场经济波动的诱因之一

一个对未来社会的供求关系不了解、没有进行精确匹配的生产活动就是一种盲目的生产活动，盲目生产活动是导致企业陷入困境、资金链断裂、引发企业倒闭潮、导致经济异常波动、产生经济危机的重要因素。

比如：当某种生产品供不应求或供大于求时，不仅会导致某些企业的生产方案无法实现，而且还会导致产品价格的无法预计的波动，由于价格的传导性会进一步导致相关企业的生产方案的变动，另外，价格的波动如果导致某些企业的破产还会产生更大的连锁破坏效应，从而增加了诱发大型经济波动（经济危机）的可能。

3. 没有经过平衡匹配的生产方案是不可靠的生产方案

现代社会所制订的生产方案并没有与社会环境中其他生产方案的供求关系进行平衡匹配，而是根据市场价格预测得出的产品价格而制订的生产方案。这种背靠背的没有与其他单位生产方案进行平衡匹配的生产方案是很不可靠的生产方案，其生产方案的实现率通常是很低的。因此，为了提高生产方案的可靠性，对每个单位的生产方案的供求关系进行平衡匹配是很有必要的。

三、生产方案平衡匹配的可行性

一个国家独立核算的生产单位（工作单位）至少有数千万个或数亿个，而每个单位至少有一个或一个以上的候选工作方案；一个国家至少有数亿、数几十亿种产品；一个国家的生产方案的供求关系的平衡匹配包含着数千万个社会单位的数亿个候选承包方案、数亿种产品的平衡匹配，这种平衡匹配工作是一项极其庞大而复杂的工作，现代的人类有能力胜任这项庞大的工作吗？答案是肯定的，理由如下：

1. 超大型、超高速计算机信息网络技术为平衡匹配提供了技术保证

在两个世纪前的马克思等人生活的年代，甚至在100年前，对一个国家的生产方案的供求关系进行平衡匹配，这种事情在科幻小说中都没有出现过。而在今天，我们的社会不仅拥有了超大型、超高速的计算机系统，还有非常发达的信息网络系统，这种强大的计算机网络信息技术使人类进入了大数据的信息化社会，这为人类提前得知社会各单位生产方案的生产供求关系是否平衡匹配提供了可靠的技术支持，生产方案的平衡匹配已经变成了一件比较容易的事情。以现有的科技手段，国家现在可以了解国内每个生产单位的数据就象现在一个厂长想了解自己每个车间的数据一样方便：只要各单位制订了生产方案，人们就可以随时知道未来的某个时间段某个产品的供求状态。人们甚至可以追踪了解任意一个产品的前世、今生、来世的走向，了解任意一种产品的已经确定的供求总量。

超大型、超高速计算机信息网络技术、国有制、专业民主政治的三者结合，使人类进入到了真正的信息化社会，可以使国有制经济体变成一个

真正智能化的、实现了资源完全共享的超级庞大的工厂。

2. 国有制为生产方案平衡匹配消除了信息沟通的制度黑洞

对国家生产方案进行平衡匹配的前提条件就是生产资源的统一性，生产资源的产权必须是同属于一家所有的，才能进行统一的资源配置，才可能寻找到最佳的资源配置——供求关系平衡匹配的状态下就是生产资源的最优配置。生产资源的国有制为资源的统一配置和优化组合提供了最好的社会基础。

国家所有制消除社会单位之间的竞争和利益冲突，为生产资源的统一配置和流动提供了基础平台；国家所有制使每个单位的生产方案和发展规划不再是各自单位的秘密，单位信息可以变得公开透明，消除了社会信息黑洞，从而为生产方案的平衡匹配消除了一切信息障碍。

3. 竞争承包制为平衡匹配提供了优良、稳定的基本生产单位（子系统）

在国有制经济体系中，平衡匹配工作是在单位竞争选优承包制的基础之上再进行的，单位竞争选优承包合同使每个单位都成为一个稳定的基本子系统，拥有优质、稳定的输入输出的各单位子系统不仅可以避免国家生产方案来回重复地进行平衡匹配工作、减少平衡匹配的工作量，还可以保证国家生产大系统的运行稳定。

由于各单位的生产方案是通过民主、科学竞争的优良产物，每个单位子系统的投入产出都具有很高的可靠性和稳定性，因此，平衡匹配后的国家全体生产方案都具有很高的可靠性和稳定性。

社会大系统稳定的前提，是每个社会子系统的稳定，竞争承包制是社会大系统稳定的基石。

4. 专家民主决策制度为生产方案平衡匹配提供了科学的决策平台

生产方案平衡匹配不仅是一项很高技术含量的技术工作，更是一项复杂、繁琐、需要综合考量的决策工作，不可能把所有的平衡匹配工作都交给计算机去处理，如果没有专业民主决策制度为基础的科学决策机制的保障，生产方案的平衡匹配决策就很有可能变成长官决策模式，是不可能取得成功的。

5. 人工智能系统可以帮助人类及时提供最优的供求平衡匹配方案

随着人工智能系统的日益完善和提高，人工智能系统可以在供求平衡匹配工作中大显身手，人工智能系统可以及时地为人类提供多个最佳的供求平衡方案，帮助人类寻找最佳平衡匹配方案，类似于“蚂蚁算法”、“深度学习神经网络算法”等高科技仿生智能系统可以为人类制订更科学、更快的平衡匹配方案提供有力的帮助。

6. 调整进出口方案和外汇储备调节方案是平衡匹配的最终保证

数控经济学认为，在一个经济开放的社会，某个国家生产方案的生产品的供求不平衡最后是可以通过调整产品进出口方案的手段来实现国家生产方案的平衡匹配，而进出口方案实现生产品供求平衡的前提是国家要制订好外汇储备平衡调节方案，以保证外汇收支的平衡。

第二节　生产方案平衡匹配测试系统

一、生产方案平衡匹配测试系统的定义

生产方案平衡匹配测试系统是可以根据人们给定的条件和原则自动对一个国家所有社会单位的生产方案（包括某些单位已经签订承包合同的生产实施方案和某些单位待定的候选承包方案）所附带的投入产出表进行供求关系的平衡匹配、提出最终平衡匹配的结果、并提供最佳的供求平衡方案供人们选择的一种计算机信息网络测算、调试系统。其中：

“平衡”是指某种产品在某个大的时间段内的供求总量的平衡关系（宏观供求平衡）；“匹配”是指在总量供给平衡（宏观平衡）基础上在某个小的时间段内对某种产品在产出点（供给点）与需求点之间在时间、空间、数量上进行精确对接（微观供求平衡）。总量的平衡并不等于真正的供求匹配，真正的平衡必须是供给与需求之间的无缝对接——供给点与需求点之间在时空量关系上的精确的匹配；供求关系的匹配是最完美的平

衡。宏观的平衡是微观平衡（匹配）的基础。当某个产品在宏观总量上实现供求平衡后，其微观上的时空平衡就必须依赖储运系统制订详细、完善的储运生产方案才可能实现。

“按照人类给定的条件和原则”是指计算机进行平衡匹配时需要按照人类给定的条件和制订的原则进行平衡匹配，否则就会出现平衡匹配方案的多解性、无解性、非理性。比如，如何设定供求平衡系数、物质储备系数？某种产品有多个产出点和多个需求点，那么供求点之间的匹配原则是应采取距离最近的匹配原则还是储运成本最小的匹配原则？如果不提前给定平衡匹配的原则，计算机就会给出很多种平衡匹配方案，这不仅会增加计算的工作量还会耗费大量的时间。如果有给定的平衡匹配原则（如“按最小储运成本的原则进行匹配”），计算机就只能给出一个精确的匹配方案；如果给计算机平衡匹配系统设定一个“按人口分布平均匹配最终消费品”的匹配原则，计算机平衡匹配系统就会提供一个按人口分布平均分配的最终产品（生活消费品）的储运匹配方案。

（注：为了防止局部意外事件对国家整体经济运行造成严重的连锁破坏的干扰作用，国家规定“某种产品的理论供给量必须稍微大于理论需求量才能称之为供求平衡，平衡的理论供给量与理论需求量之比称之为供求平衡系数，国家根据以住的经验、根据不同的产品、不同的储运条件制订不同产品的供求平衡系数；各生产单位和国家物资储备机构为了应对大的意外事件导致物资（物品）供给短缺，必须储备一定数量的备用物资产品，备用物资的储备量与每天的需求量之比称为物资产品储备系数，国家规定：在不同的地区、不同的物资产品有不同的物资储备系数。）

“按照人类给定的条件和原则”还包括下面的情况：

假设某个国家有一万个单位，其中有两千个单位的承包方案合同还没有到期，只有八千个单位的承包合同即将到期、需要申报新的承包方案和签订新的承包合同，当两千个单位正在执行的承包方案的投入产出表与八千个单位的候选承包方案的投入产出表都在计算机平衡匹配系统中进行平衡匹配时，其中的一个给定的平衡匹配条件是：正在执行的承包方案的投入产出表是不可更改的。而其他的八千个单位的候选承包方案的投入产出表都是可更改的或可调的。

二、生产方案平衡匹配测试系统的主要功能

1. 提交产品供、求总量及供求平衡报告

（1）未来某个任意时间段的原始自然资源的消耗量

（2）未来某个任意时间段的社会各种最终产品的产出量

（3）未来某个任意时间段的社会各种中间产品的产出量、需求量、产需平衡状态

（4）未来某个任意时间段的社会各种中间产品的进、出口量

（5）未来某个任意时间段的社会各种最终产品的进、出口量

（6）未来某个任意时间段的社会各种中间产品的总供给量与总需求量平衡表

（7）未来某个任意时间段的社会各种最终产品的国内总供给量

（8）未来某个任意时间段的国家外汇收支总平衡表

（9）未来某个任意时间段的暂时无法利用的废品、废物、有害物的产出量和累计量

（10）未来某个任意时间段的全部物品的库存储备量清单

（11）未来任意时间段国家各种物品资源累计净存量（折旧后的净存量）

2. 提交产品精确平衡匹配方案

（1）提供全部中间产品的点到点的供求时空匹配关系表

（2）提供全部最终产品的点到点的供求时空匹配关系表（根据人口分布、以往需求规律、个人消费预订计划等制订的最终产品消费需求表而制订）

3. 提交生产方案修改建议

当某些产品的供求关系不平衡、不匹配时，计算机平衡匹配系统可以提供如下建议：

（1）提交某些单位的生产承包方案的修改建议或修改方向

（2）提交国家储运系统的生产方案的补充招标要点

（3）提交国家产品进出口平衡匹配的建议方案。

（注：如果产品的供求总量平衡、但产品点到点的供求时空关系不匹

配时，可以通过调整国家储运生产系统的生产方案实现产品点到点的供求关系的匹配，平衡匹配工作的最后环节总是要提交国家储运系统的生产补充招标方案，调整国家储运系统的生产实施方案。）

4. 国家生产方案实施的监控功能

国家生产方案在实施的过程中，会因为一些意外突发事件的干扰导致某些生产单位无法按原承包合同约定的生产方案的投入产出表实现其投入产出。如果一个单位的投入产出发生了较大的变化后，必然要对国家的整体生产方案产生影响，此时，国家生产方案实施监督调控机构就要依靠计算机生产方案供求关系平衡匹配测试系统对某个单位的投入产出变化对整个国家生产方案的影响大小、影响范围进行评估，为制订应对工作方案、修改新的承包方案、签订新的工作承包合同提供依据；制订出新的工作方案后，还要将新方案的投入产出表输入到生产方案平衡匹配测试系统，评估新方案对全国整体生产方案的影响大小，并尽可能将其影响限制在最小的范围内。因此，计算机生产方案供求关系平衡匹配测试系统可以对国家的生产方案实施进行有效的监控。

第三节　平衡匹配的方法和步骤

生产品的供求平衡匹配是国家生产方案平衡匹配的核心和重点，因为如果不能保证生产品的供求平衡（尤其不能出现生产品的短缺），那么国家生产方案的最终产品的产出目标是不可能实现的。换句话说，就是：只有生产品供求平衡匹配的国家生产方案才是有可能实现的国家生产方案。

当一个国家的生产方案的生产品供求不能平衡时（某种生产品的产出总量大于或小于国内的需求），可以采用如下的平衡方法和措施：

一、封闭社会环境下生产品供求不平衡时的应对方法

在封闭社会环境下，对国家的生产方案进行平衡测试时，如果出现了生产品的供求不平衡时，可以采用如下的方法使生产品保持供求平衡：

1. 候选生产方案变换法

生产方案的平衡匹配通常都是在生产承包方案竞争选优之后进行的，

生产承包方案竞争选优之后，每个项目单位通常至少有两个或两个以上的候选生产方案，每个候选生产方案都有不同的投入产出指标表，因此，当国家在进行生产方案平衡测试时如果出现某种生产品短缺时，就可以通过变换、选送该种生产品需求量较少或该种生产品产出量较多的候选生产方案送入平衡匹配测试系统、使某种生产品的供求总量趋于平衡；当国家在进行生产方案平衡测试时如果出现某种生产品剩余时，就可以通过变换、选送某种生产品需求量较多或某种生产品产出量较少的候选生产方案送入平衡匹配测试系统的方法使某种生产品的供求总量趋于平衡，这种通过变换不同的候选生产方案的方法使生产品供求总量趋于平衡的方法称之为候选生产方案变换法。

2. 生活消费品产出单位删减法

如果某些生产品的供求总量差距（生产品短缺量）过大时，还可以通过删减现有生活消费品产出单位的方式使某些生产品的需求量减少、从而达到某些生产品供求平衡之目的。这种通过删减生活消费品产出单位使生产品供求保持平衡的方法称之为生活消费品产出单位删减法。

现有生活消费品生产单位的删减法，通常只在数控经济刚开始启动时的最初阶段使用，因为到了数控经济开始正常运行后，生活消费品的生产能力的增减是由国家规划部门确定，而生产品的平衡匹配工作主要针对新项目的生产方案进行选择、定案。

3. 拟新开工项目单位增减法

拟新开工的项目单位所需要的生产资源来自于现有社会单位的生产方案平衡匹配后所剩余的生产资源，根据现有社会单位生产方案平衡匹配后剩余的生产资源确定发展规划中拟新开工项目单位的数量增减，使新开工项目单位所需要的生产资源与现有社会单位平衡匹配后剩余的生产资源保持平衡匹配。这种通过增减拟新开工项目单位数量使生产品供求保持平衡的方法称之为拟开工项目单位增减法。

4. 反向招标法

当现有的生产方案中某些生产品的供求不平衡时，还可以将能够满足生产品供给的条件做为新的生产方案的招标条件，重新制订新的单位生产承包方案，从而使生产品的供求保持平衡。这种根据生产品供给条件进行招投标、确定生产方案使生产方案的供求保持平衡的方法称之为反向招标法。

5. 方案修改法

为了使供求关系更加平衡，可以在最后选定的候选方案的基础上与中标人进行协商，对选定的候选方案进行适当地修改，使最终实施的生产方案更符合国家的平衡需求。这种通过协商修改候选生产方案使生产品供求保持平衡的方法称之为方案修改法。

二、开放社会环境下生产品供求不平衡时的应对方法

在一个经济开放的社会环境下，对国家生产方案进行平衡匹配测试时，如果出现了生产品供求不平衡的情况时，除了可以采用封闭环境下的不平衡应对方法外，还可以采用进出口贸易平衡法，使生产品的供求关系保持平衡。

进出口贸易平衡法是指：在对国家生产方案进行平衡匹配时，如果国家生产方案中短缺的生产品可以通过安全、有保障地从国际市场上用外汇购买到时，则可以用通过出口最终产品或国内剩余的生产品换取外汇、购买短缺的生产品、使生产品的供求关系保持平衡的一种方法。

如果在一个完全开放、有安全保障的国际环境中，进出口贸易平衡法通常是一种最终的、也是最有效的平衡匹配方法。

三、生产品供求不匹配时的应对方法

当国家生产方案的生产品的供求总量可以保持平衡后，就要开始对生产品的供求进行点到点的供求关系的时空供求匹配，供求关系的总量平衡并不等于供求关系的匹配。如：出现季节性产出与非季节性需求之间的矛盾时，供给方不能在需求方所要求的各个时间段上都满足需求方对生产品的需求)。

为了使生产品在总量供求平衡的基础上保持供求关系在时空上的匹配(供给方在各个需求时间段上满足需求方对生产品的需求、供求单位之间的点到点的供给关系的精确匹配)，供给方应采取“调整、修改国家储运生产方案”的手段，使供给点与需求点在微观时空上保持供求一致。

四、生产方案平衡匹配的三个关键平衡步骤

国家的生产方案供求关系的平衡匹配有三个关键的平衡步骤：

1. 现有社会单位的生产方案供求关系的平衡匹配

如果是数控经济刚启动时的第一次做现有社会单位供求关系的平衡匹配，那么现有社会单位供求关系的平衡匹配也称之为简单再生产单位的平衡匹配。那么“现有社会单位”是指现有的所有的社会单位；如果不是第一次而是在数控经济正式运行之后的第N次的现有社会单位供求关系的平衡匹配，那么“现有社会单位”则是指承包合同到期后需要再次签订承包合同的原有社会单位和承包合同未到期的原有社会单位。

对现有社会单位的生产方案供求关系进行平衡匹配并且取得成功后，国家就至少可以获得如下五个产出时间表：

（1）现有社会单位生产品富余产出时间表

（2）现有社会单位所需生产品的进口时间表

（3）国产生活消费品产出时间表

（4）公共服务产品产出时间表

（5）原始自然资源和次级资源（生产品）储备消耗占用时间表

2. 拟开工新项目单位的生产方案供求关系的平衡匹配

拟开工新项目单位的生产方案供求关系的平衡匹配也可以称之为扩大再生产的生产品的平衡匹配。只有通过了扩大再生产平衡匹配的拟开工新项目单位的生产方案才能得到批准、签约、实施。

对拟开工新项目单位的生产方案供求关系的平衡匹配的前提是要有如下二个基础时间表：

（1）现有社会单位富余生产品的产出时间表（拟开工新项目所需生产品的国内供给来源）

（2）拟开工新项目的候选生产方案生产品的需求时间表（包括拟开工新项目的数量、名称和对应的候选生产方案的生产品需求时间表）

如果对拟开工新项目单位的生产方案供求关系进行了成功的平衡匹配，那么就可以得到如下几个表：

（1）拟开工新项目单位的生产品需求表和供给匹配表

（2）国产剩余生产品的产出时间表

（3）拟开工新项目单位所需生产品的进口时间表

3. 进出口外贸生产方案的外汇收支平衡（总平衡）

在一个经济开放的社会环境里，国家通过进出口贸易不仅可以降低生产成本、丰富生活消费品供给、提高生活水平，还可以弥补国内生产品的短缺，满足国家经济发展速度的需求，使国家生产方案中的生产品的供求关系保持平衡匹配。在一个经济开放的社会，通常在国家经济方案（产出目标）基本确定的前提下，通过进出口贸易实现国家经济发展速度、保持生产品的供求平衡匹配是最终的解决方案，其中，实现外汇收支平衡是进出口贸易的核心。因此，一个国家生产方案的总平衡最终是可以通过进出口贸易平衡来实现的。

一个国家的外汇收入首先来自一个国家剩余的生产品出口和最终产品的出口，其中，最终产品的出口具有很大的可调性。一个国家剩余的生产品不论其在国际市场上的价格高低、无论是主动出口还是被动出口，只要是生产方案确定的产品产出，都是要通过出口消化的，是没有选择的，可调性很小。如果一个国家剩余生产品的出口所换回的外汇不足以支付购买国内短缺的生产品所需要的外汇，那么就不得不再出口一部分最终产品以弥补生产品进出口贸易产生的逆差。

出口最终产品换取外汇的另外一个目的就是可以购买国内需求强度大于国内需求强度均衡区下限的国外最终产品，以丰富国内最终产品的供给内容，满足国内的消费品需求，提高国内生活水平。

确定出口产品的种类、每种产品的出口量是编制进出口贸易生产方案、保证进出口贸易平衡的中心工作。在编制进出口贸易平衡方案时，首先必须掌握如下资料数据：

（1）最终产品（主要是指生活消费品）国内平均需求强度

该数据是计算消费金与外汇的汇率的基础数据之一，也是编制最终产品国内需求强度均衡区上限点和下限点的基础。

（2）国产产品国际平均需求强度

该数据是计算消费金与外汇的汇率的另一个基础数据，也是编制国产产品国际需求强度均衡区上限点和下限点的基础。

（3）国产最终产品国际需求强度表

（4）国产最终产品国内需求强度表

（5）国外最终产品国内需求强度表

（6）现有社会单位生产品进口需求时间表

（7）拟开工新项目单位生产品进口需求时间表

（8）国家剩余生产品产出时间表

根据上述资料制订国家进出口外贸生产方案，并对国家进出口外贸生产方案进行平衡匹配并且实现外汇收支平衡后，可以得到如下表：

（1）国家产品出口明细及时间表

（2）国家产品进口明细及时间表

（3）国家外汇收支平衡预算表

五、国家生产方案总平衡的方程式

当一个国家的生产方案实现总平衡后，就可以得到如下生产关系总平衡表（生产关系恒等式）：

1. 生产品总平衡恒等式

现有社会单位生产品产出表 - 现有社会单位生产品需求表 + 现有社会单位生产品进口表 - 新增社会单位生产品需求表 + 新增社会单位生产品进口表 - 剩余国产生产品出口表 - 最终产品出口表 + 最终产品进口表 =0

从上面的恒等式中，我们可以看出，在一个经济开放的社会，一个国家的生产关系的平衡最终都可以通过产品的进出口贸易实现。

2. 国内最终产品总供给恒等式

国内最终产品总供给 = 最终产品总产出 - 最终产品总出口 + 最终产品总进口

国内最终产品总供给水平代表着一个国家的社会发达水平、生活发展水平，是一个非常重要有意义的指标。

上述两个等式中都包含“—最终产品出口表 + 最终产品进口表”，其引号内的值可以看着是调节国家生产方案的生产品平衡的最终调节阀，也是调节经济发展速度的一个重要筹码：如果国家单位时间内上马的新项目越多、国家经济发展的速度就越快、国家对生产品的需求量就越大、“—最终产品出口表 + 最终产品进口表”的值就趋于负值越大、国内最终产品总供给就越少，国家经济发达水平的指标（最终产品的丰度）的增量就会暂时相对降低。

第九章　标准化和信息化原理

标准化和信息化原理是指：产品标准化和社会信息化是国有制经济体系有效运行的社会基础。

第一节　产品标准化

一、产品标准化的基本特征

1. 具备国家统一的产品标准编码

（1）国家产品标准编码的定义

由国家按统一标准进行统一编制的产品特征信息编码是产品唯一的身份证编号，且是计算机可以自动识别、自动利用编码信息的产品标准编码。

（2）产品标准编码的主要组成

A. 生产者（单位）编码

无论产品的产出者是单位还是个人，每个产品编码都要有产出者的编码。在每个生产单位的内部档案中，还有每个产品的每道生产工序的责任人名单的记录。其目的是为了评价、考核、奖励、追究与产品质量相关的责任人。

B. 生产地址编码

生产地址编码是为了让计算机系统了解产品的地理定位及产品供求之间的空间关系，为计算机自动提供点到点的产品供求匹配方案和物流储运方案提供基础数据。

C. 产品类别编码

产品类别编码主要是指产品的大类编码，如：公共服务类产品、个人生活消费类产品、中间产品类产品等等。类别编码的目的是为了便于计算机对产品进行自动识别和分类管理。

D. 产品品种编码

产品品种编码也称为产品功能编码，它决定了产品的质量、性能、型号、颜色等产品特性。产品品种编码相同的产品表明其产品的功能完全一样，产品品种编码相同的产品可以相互之间互换替代，在使用上可以当成同一种产品。

E. 产出时间（批次）编码

产品的产出时间（批次）是指产品离开生产线的时间（批次），因为很多产品具有一定的保质期，产品时间编码有助于监控产品的物流分配动向、制订科学的产品储运、供给方案。

2. 做事要有标准

"做事有标准"是指任何产品在正式生产前都必须先要有相关产品的生产标准。

无论是大众化的产品还是个性化的产品，无论是中间产品还是最终产品，无论是公共服务产品还是个人生活消费品，每一种正式产出的社会产品都要有专门的国家权威科学机构认证的明确的产品生产标准和产品质量检测标准。对每一种产品的性能、规格、品质和生产程序具有严格的界定标准和检测标准。

产品生产标准和产品质量检测标准是产品标准化的基础之一。

3. 要按标准做事

"按标准做事"是指任何正式产出的产品不仅要有生产标准，还要有一套相应的体系来保证人们按既定的标准生产产品。

要有独立的产品生产标准和质量检测标准的制订机构、独立的标准化管理执行与监督机构、独立的标准化管理纠纷仲裁机构。必须在高级民主政治制度的管理下，民主决策的标准化管理机构的工作效率才可能高效率的工作。

高效、完善的质量标准监督与考核体系还要包括产品质量问题投诉、举报快速审理与奖罚机制。

二、产品标准化的必要性

1. 国有经济生产方案平衡匹配的需要

由于国有经济的生产方案供求关系的平衡匹配是一项极其庞大、复杂、频繁的天文数量级的计算工作，是非纯人力可以胜任的，只有计算机系统或机器人系统才有可能胜任。而实现产品的标准化、为产品特性进行数字化的编码、保证编码产品与产品质量的统一性是计算机系统对生产方案进行平衡匹配的前提条件。

2. 社会规范化与有序化管理的需要

标准化产品不仅仅只可以为国有经济的国家生产方案进行平衡匹配服务，而且也是产品生产管理发展的方向，是社会走向规范化和有序化的必然趋势，产品标准化是社会规范化和有序化的一项重要内容。

三、产品标准化的可行性

1. 国有制为实行社会产品的标准化奠定了统一的社会基础

在私有制市场经济社会里，产品标准化涉及到各个不同企业的切身利益，由于利益的冲突，各企业对产品标准的制订和认同进行了激烈的非技术性的争夺和扯皮，导致任何一项产品的标准出台都要费尽周折，生产资料的私有制严重阻碍了产品标准化的快速进程。而国有制则消除了私有制企业之间因产品标准导致的利益纷争，为建立统一的社会产品标准扫清了最大的障碍，让产品标准化工作变成了一项纯技术性的工作，从而可以使产品标准得到迅速推广实施。

2. 计算机信息网络科技为产品标准化的实施提供了技术保障

产品标准化涉及到大范围的、大量的产品信息的储存和查询，如果没有方便快捷的信息网络系统，产品标准化就无法进行有效的实际操作和执行，即计算机信息网络科技为产品标准化提供了技术保障和社会基础。

3. 科学民主决策制度为产品标准化提供了制度基础

要想使产品的性能与质量稳定可靠，使产品质量标准从文字到实践得到完全的实现，就必须要有一套高效、完善的质量标准监督、考核管理体系，而这种标准化管理体系实际上是一种完善的科学民主决策制度的产物。

第二节　社会信息化

一、社会信息化的基本特征

1. 社会信息化的技术特征

（1）信息传输速度快

信息传输速度快是指信息可以即时传送、人们在地球范围内几乎感觉不到信息传输的时差存在。

（2）信息储存容量大

信息储存容量大是指国家拥有巨大容量的、足够的信息存储设施和设备，社会不会为没有信息储存空间而发愁。

（3）信息查询方便快捷

信息查询方便方便快捷是指人们可以在世界任何地方、在任何时候和任何人、任何单位、和国家信息网络系统保持信息沟通，查询任何信息。

2. 信息化社会的法律特征

（1）信息发布民主化

国家有一个专门的民主决策立法委员会专门负责信息发布工作的立法，国家有专门的信息发布民主决策审查机构负责信息发布的审查工作，对违反国家信息发布法的信息进行拦截、屏蔽，国家有专门的信息发布纠纷仲裁机构对信息纠纷进行民主投票裁决。

（2）信息公开化

除了国家法律明文规定禁止公开的个人隐私和国家安全的保密信息外，其他一切信息均要在国家的指定信息公布系统公开发布。

（3）信息发布标准化

在涉及个人利益、是非好坏评价与考核竞争等事项的信息发布时，其信息发布必须按国家立法机构规定的统一标准和格式进行编写、并按统一的渠道进行发布，以保证竞争、评价、考核的公平性。

（4）任何公开信息都必须真实可靠

每个信息的发布者都必须要保证其信息的真实可靠；如果发布非可靠的、待证实的信息，发布者均需要提前注明信息为非证实性或需要注明信息的来源。

（5）主动提供真实信息有奖

对人们主动提供非工作职责范围之内或法律明确要求有义务提供相关信息之外的真实信息，国家应根据信息的重要性给予相应的奖励，信息提供者也有权向有关机构申请相关奖励。

（6）故意隐瞒真实信息受罚

对有责任提供信息却故意隐瞒真实信息的行为人，国家要有专门的法律给予相应的惩罚。

（7）散布虚假信息有罪

国家要有专门的法律对散布不实信息或故意散布虚假信息的人给予严厉的惩罚。

（8）信息资源免费共享

信息资源属于国家公共服务资源，应该让全社会免费共享，以发挥信息资源的最大作用；新信息的提供者和新信息的发现者不具有信息的所有权；国家有专门的机构和法律对某个信息对社会的贡献进行评估，并根据信息对社会的贡献大小对信息提供者、信息发现者给予相应的奖励。

（9）独立的信息发布平台和民主监管机构

国家有独立的信息发布平台，依照国家法律独立运行，任何个人或单位均可在国家的信息发布平台上依法免费发布信息并承担相应的法律责任。为了保持公平竞争的原则，个人发布信息的标准和格式应基本相同，防止有人以别出心裁的方式来吸引公众的眼球、不是靠真实可信的信息而是靠哗众取宠的手段引起别人的注意。

二、社会信息化的可行性

1. 计算机网络通信技术为社会信息化提供了技术保障

目前的计算机网络通信技术已经为社会的信息化提供了技术上的可行性，即社会信息化在技术上是可行的。

2. 国有制为社会信息化提供了资源统一共享的经济基础

国有制消除了信息资源私有化的黑洞，为统一信息资源、共享信息资源提供了坚实的社会基础。

3. 科学民主决策制度为社会信息化提供了法律保障

社会信息化涉及大量的信息采集、鉴定、分析、分享、利用、评估等等工作，信息是国家最重要的资源之一，如何保护和利用好信息资源需要大量的、高效的、科学的制度设计，因此，只有科学民主决策制度才有可能对信息资源进行科学的管理、实现社会信息化。

三、社会信息化的必要性

1. 国有制经济体系对社会信息化的需求

国有制经济体系具有如下基本特征：

（1）国家统一的生产方案

（2）国家统一指挥调控

（3）经济的体量庞大、单位多、产品多

（4）信息量大

面对国有制经济的上述特征，如果没有实现社会信息化，国有制经济体系根本无法有效运行。计划经济失败的一个客观因素就是社会的科学水平还没有进入到信息科技时代，国有制经济运行的条件还不成熟。

2. 制订生产方案和生产指挥调控的基础是社会信息化

（1）信息的真实和信息的完整是制订生产方案的基础

只在了解全部社会单位的生产现状和所有的预选生产方案才有可能制订出最佳的生产方案，没有社会信息化是不可能编制出符合社会实际需求的生产方案。

（2）信息的即时传输是生产指挥调控的基础

国家指挥调控中心要及时了解每一个单位的运行信息，才能对生产运行进行有效调控，没有社会信息化为基础的指挥调控都是脱离实际需求的指挥调控。

（3）没有社会信息化的国有制经济就是盲目经济

社会信息化是国有制经济运行体系的神经系统，没有社会信息化的国有制经济就是盲目经济和聋子经济。

3. 社会信息化将加快民主化进程

（1）社会信息化将使社会更加公开、透明、平等

（2）社会信息化将会瓦解私有制、加速国有化进程

第十章　按需分配基础上的按劳分配原理

按需分配基础上的按劳分配原理是指：国有制经济要实行“基本需求按需分配、高级需求按劳分配”的社会分配制度，要根据国家制订的基本需求标准优先保障基本需求品的生产供给，用简单、高效、直接的社会保障制度代替繁琐、低效、间接的商业保险制度；要根据对社会所做出的劳动贡献的大小分配消费金（高级生活消费品的消费权）；要坚持“无过不罚”原则（人们只为自己的过失而受惩罚，不再因别人的过失或其他外部原因而受惩罚）。

在国有制经济体社会，社会产品的分配只限于生活消费品的分配，中间产品的产权均为国家所有，公共服务产品是全体社会成员所共享、不参与劳动分配。每个人所享有的分配权是由两部分组成的：一是每个人天生享有的、与个人的劳动贡献无关的基本生活消费品的分配权力，二是根据劳动贡献大小才享有的高级生活消费品的分配权力。

第一节　按需分配与按劳分配的基本概念

一、基本需求按需分配的基本概念

1. 基本需求的属性特点

（1）基本需求的定义

保障一个人的基本生存权所需的基本条件称之为人的基本需求。狭义的基本需求只包括衣、食、住、行、医等基本生活条件，广义的基本需求则包括衣、食、住、行、医、教、乐。其中，“教”则是要提供基本的教育条件；“乐”则是要提供基本的精神娱乐享受条件。

(2) 基本需求具有人群属性

根据人的生理特征和生活所在的地理环境特征可将人类划分为不同的基本（生活）人群，不同的人群具有不同的基本生活需求。

人的生理特征是指年龄、健康、性别等人的自然生理特征。不同生理特征的人群有不同的基本需求，如：健康人、病人、残疾人、男人、女人、孕妇、产妇、婴儿、儿童、少年、青年人、中年人、老年人等不同的生理特征人群，他们各自有不同的基本生活需求。比如，对于截瘫或截肢的人来说，轮椅、假肢、拐杖、某些特殊护理就是其基本生活需求品；对于很多残疾人和年老体弱的人来说，住在残疾人和老年人专用公寓就是其基本需求；对于婴儿、孕哺期妇女来说，牛奶等营养品就是其基本生活需求品；对于伤病患者来说，医疗求助和营养、药品就是其基本需求；对于智障儿童来说，特殊教育和某些特殊帮助就是其基本需求。　地理环境特征是指人生活的地区环境具有地区属性，比如南方、北方、草原、高原、平原、大城市、小城市、小镇、农村、山区、沿海、沙漠、森林等地区属性，生活在不同地区的人们也有不同的基本需求。例如：生活在高原地区的人与生活在平原地区的人其基本需求是不一样的，生活在沙漠与生活在湖区的人的基本需求是不一样的，生活在赤道地区的人们与生活在南北两极地区的人们的基本需求也是不一样。

(3) 基本需求具有时代属性

一个国家的基本需求标准应随着时代的变迁、人类的生产力的发展而变化。在经济发达时代的基本需求的标准与经济落后时代的基本需求标准是不同的，在和平时期的基本需求标准与战争时期、自然灾害时期的基本需求标准也是有所不同的。

2. 基本需求按需分配

(1) 什么是基本需求按需分配

“基本需求按需分配”简称“按需分配”，它是指国家应及时调整、确定每个人群的基本生活需求的标准内容，并按照基本需求的标准内容保障基本需求品的生产、免费地供给相应的基本需求人群。即基本需求按需分配具有三个核心含义：一是国家要制订每个人群的基本需求标准；二是国家要优先保障基本需求品的生产；三是国家要免费供给每个人的基本生活需求品。

基本需求按需分配并不是一种无条件的、绝对的按需分配，更不是自己想要什么就可以得到什么，而是一种有条件的按需分配，这个条件就是根据每个人的基本需求标准中的需求内容而进行分配、保障供给。

比如，生命的救治是每个人的基本医疗需求，国家必须保障每个人的基本医疗需求，因此，基本医疗必须是完全免费的，在抢救生命的过程中每个人的基本权力是平等的。谁的病情最严重，谁就享有优先的医疗权力，即按照病情特征条件进行基本医疗资源的分配。在病情危重水平相同的情况下则按照时间的先后决定基本医疗资源的分配，而在时间相同的情况下则通过抽签决定基本医疗资源的分配。

无条件的、绝对的按需分配在共产主义社会也是不可能实现的，只可能存在于乌托邦社会。

（2）按需分配的形式

按需分配的分配形式是由国家直接向需求者提供所需要的实际产品，而不是通过提供货币或消费金的形式来实现按需分配。即根据每个人的实际需求提供直接的实际产品来满足人们的基本需求是按需分配的主要形式。

比如，假设婴儿一天的基本需求是可获得1000克鲜牛奶的保障供给，一个无行走能力的人应该免费配备一个轮椅、拐仗或相应的其他服务，一个盲人应该免费享有一个语言辅助导航系统装置或应该获得引路服务，一个肺结核病人应有保障供给的营养食品清单。

基本需求按需分配与在很多国家的福利制度、向穷人提供的最低生活保障金具有本质的不同。因为，数控经济理论认为，基本需求按需分配是一种全方位、与收入无关的、有针对性的、体现平等精神的社会保障制度，而不是针对低收入阶层的最低生活水平救济金，它的价值是无法估量的。有时要满足一个人的基本需求所需要的资源，如果要折算成市场经济的货币的话，其货币支出费用可能要大大高于一般人的平均收入。比如，要满足某些特殊病人或残疾人的基本需求有时需要耗用相当大的社会资源成本。

（3）按需分配并不等于有权浪费

基本需求按需分配与福利国家的最低生活保障制度不同之处还在于每个人都可以免费选择享受各自基本需求标准内的各种产品，但却不能、也无权浪费任何生活消费品（包括免费或付费的产品）。数控经济学认为，国有制经济社会应有专门的法律和机制来界定和惩罚任何浪费的行为。

一个人可免费获得基本需求标准内的产品，但并不表示某人必须要接受基本需求标准内的产品。在国家的仓库内有按基本需求的标准储备有一定数量的可满足人们基本需求的产品，但人们并不一定非要去领取这些产品，更不允许人们去浪费这些产品。

可以免费供给基本需求生活消费品并不代表可以随意处置、浪费自己的基本需求品；有钱购买生活消费品并不等于有权浪费生活消费品。

3. 基本生活需求标准的调节依据

（1）工作的积极性

基本生活需求标准的水平与通过劳动获得的高级生活标准的水平之间的相对差距是影响人们工作积极性的一个重要因素。如果当人们无需通过劳动就可以获得的生活水平与只有通过劳动才可以达到的生活水平相差不大时，就会使劳动报酬的激励作用失效，从而就会伤害人们的工作积极性。因此，当人们的工作积极性和自觉性比较低时，国家就应该降低基本生活需求的分配标准、或适当提高一些按劳分配的标准，从而适当增加一些生活的压力、促使人们更加努力、自觉地去工作；当人们的工作积极性和自觉性很高时，就可以适当提高基本需求的标准，从而可以让人们生活得更轻松一些。

（2）生产力发达水平

社会的生产力越发达，社会生产的产品就越丰富，人们的基本生活需求标准的绝对水平就会越高，反之就会越低。因此，生产力发达水平也是制订基本生活需求标准的一个重要依据。

（3）自然环境的变化

当社会自然环境出现了一些新的变化时，必然也会使人们的生活环境产生新的变化，这必然也会使人们的基本生活标准的内容产生相应的变化，人们免费获得的基本生活消费品也会随之发生变化。

（4）生理特征的变化

当人类的生理特征发生了某些新的变化、有了某些新的生理发现时，人们的基本生活需求标准也会产生相应的变化。

二、高级需求按劳分配的概念

1. 高级需求的含义

在每个人的基本需求标准之外的需求都称之为高级需求，高级需求也称之为非基本生活需求、非基本需求。

比如：假设在某个时代，有空调的住房对老、弱、病、孕、少等人群来说是一个基本生活需求，但对身体健康成年的人群来说，有空调的住房就是非基本生活需求；对生命的医疗救治条件是每个人的基本需求，没有高低之分，但对住院患者的某些病房条件、病房服务却并非基本生活需求，有的病房是四个人一间的病房，有的病房是二个人或一个人一间，有的病房是带花园的别墅病房，有的病房是大厦式的鸽子窝病房；有的医疗服务是基本需求，有的医疗服务是属于高级需求，等等。

残疾人专用房屋也可以分很多等级，除了有满足残疾人基本需求的残疾人基本需求专用住房外，也有满足残疾人高级需求的不同等级的高级残疾人专用房屋。

盲人有盲人的基本需求，盲人也有其高级需求。在某个时代，某种盲人导向服务是基本需求，另外一种盲人导向服务则可能是高级需求。

2. 高级需求按劳分配

（1）高级需求按劳分配的基本定义

“高级需求按劳分配”简称“按劳分配”，它是指国家要根据人们对社会劳动贡献的大小进行高级需求品（或称高级生活消费品、非基本生活需求品）的分配、确定人们生活消费权力的大小或非基本生活待遇的好坏。

假设，在某个时代，住带有空调的房屋对健康成年人是一种高级需求。那么，一个健康的成年人能否有权住进带有空调的房屋、能住多久，则取决于其对国家的劳动贡献的大小或其消费金帐户中有多少消费金余额和带空调房屋的价格高低。

比如，国家可以根据每个人对社会的劳动贡献给予相应数量的消费金，其消费金数量的多少就代表着其享受高级生活消费品的权力大小。

（2）高级需求按劳分配的基本形式

高级需求按劳分配的基本形式是消费金支付劳动报酬法。即国家根据每个人的劳动贡献大小按比例支付相应的生活消费金，用生活消费金去竞争购买自己中意的非基本生活消费品，以满足自己的高级生活需求。哪个人的劳动贡献越大，其所分配的消费金就越多，其享有的消费权力就越大。

第二节　基本需求按需分配的必要性和可行性

一、基本需求按需分配的必要性

1. 无过不罚原则

“无过不罚原则”是指：一个人没有过错就不应该遭受惩罚、一个人不应该承担非已过错而遭受的经济损失、一个人的无过错而遭受的经济损失应由全社会共同承担。

人因非已过错而遭受惩罚是一件很不公平的事。很多天灾人祸的根源产生于社会，所以应由社会来承担天灾人祸造成的经济损失也是天经地义的事，是符合自然的公平原则。因此，因环境因素、客观原因所产生的基本生活需求必须得到社会的保障供给，实行基本生活需求按需分配的社会分配原则是天经地义的事、是最公平的事。比如，保障人们的生命安全、免费提供基本医疗救助、免费提供基本的必需的衣、食、住、行、乐、教等是社会的基本义务。

2. 人类文明道德和基本人权的需要

基本需求按需分配与保障每个人的基本人权、扶弱帮穷、贡献爱心、社会大家庭的基本观念是相符合的，也是社会文明道德的需要。

3. 公平竞争的需要

基本需求按需分配是让所有人站在同一起跑线上进行公平竞争的社会基础。如果没有基本需求按需分配的关怀和照顾，让老、弱、伤、病、残、孕等人群与健康成年人群在一起竞争是一件很不公平的残忍的事情；如果没有基本需求按需分配、由社会来弥补某些人群的天然不足的短板、让因天灾人祸而倒下的人迅速恢复健康、参与竞争、为社会做出更大的贡献才是社会的悲哀、也是社会的巨大损失。因此，在基本需求按需分配基础上的竞争不仅是公平竞争的需要，也是有利于社会更快地发展。

4. 充分利用人力资源

很多残疾人都有某些特殊的才能，很多老年人也有很丰富的社会经验，只要社会保障了他们特殊的基本生活需求，弥补了这些人的某些特殊的不足之后，他们就可以充分地发挥他们的特殊才能和经验，给予社会更多的特别回报，从而使社会能充分利用全部的人力资源，促进社会更大的发展。

5. 社会安定的经济基础

基本生活需求按需分配可以最大限度地化解人类社会的基本生存矛盾，消除了人与人之间的尖锐的对立和最大的不公平，消除了人们为了生存铤而走险、违法犯罪的社会基础，因此，基本生活需求按需分配是社会最重要的安定因素和经济基础。

6. 最好的社会救助保障机制

基本需求按需分配是一种全方位的、最高尚的、最直接的、最高效的社会保障救助机制和社会保险机制。

全方位的救助保险机制是指基本需求按需分配是一种包括所有保险、救助内容的全覆盖的社会保障救助机制，不仅是后天的意外的人身伤害、财产损失，还是天生的不足与损失，都可以在基本需求按需分配中得到补偿。

最高尚的社会救助保险机制是指基本需求按需分配的这种保险机制是一种没有任何附带条件的、不是为了赚取利润的商业保险机制，是真心实意救助弱者的一种高尚的救助机制。

最直接的救助机制是指基本需求按需分配的救助机制不需要通过商业保险的一系列复杂的投保、保险金与损失金核算、防骗保等复杂程序进行保险救助，而是按照需求标准直接供给相关需求来达到救助之目的。当在一个人残疾时、生病时、年老时、体弱时、遭受意外事故时，马上就可以得到国家最直接的、最有效的救助，无需投保、赔付、讨价还价、赔付价值核算等一系列的商业投保理赔的中间环节。

最高效的社会保险救助机制是指对上述特点的综合概括。

商业保险体系不是一种直接的保险救助体系，它需要依赖一套资金运作系统、以赢利为目的的救助保险，它不仅是多了一套繁琐的手续，增加了社会的成本，它还是一套利益相互矛盾、相互冲突的体系，其利益冲突导致的纠纷和争端严重降低了其工作效率；它是以赢利为目的，不是以救助他人为目的，从而会诱导一系列骗保等社会犯罪问题。如果商业保险的最终目标和最高形式是实现全社会的100%的保险全覆盖，这也就等同于实现了社会保障机制的基本目标，但商业保险机制的操作模式却繁琐、低效了很多。

二、基本需求按需分配的可行性

1. 需求的分类

(1) 绝对需求

绝对需求是指没有限制条件（比如免费、可以自由选择的条件下）、不许浪费、不许囤积的情况下对某种产品的需求量。比如，如果一个国家在主食可以免费的情况下、人均一年对大米的需求量就是一种绝对需求量。通常一个国家的供给能力都能满足大多数基本需求产品的绝对需求量。

(2) 相对需求

相对需求是指有限制条件（比如：购买价格、年龄大小、健康与否等）为前提条件下的对某种产品的需求量称之为相对需求量。当一个社会的供给量小于社会的绝对需求量时，就需要通过给需求者制订限制条件，使相对需求量与产品的供给量保持平衡。

(3) 标准需求

标准需求是指国家按一定的供给标准所确定的社会需求量。假设，鲜牛奶不是全社会的基本生活需求品，鲜牛奶却是婴儿的基本生活需求品，根据国家制订的婴儿牛奶免费供给标准（假设：每个婴儿每天可以免费获得200克的鲜牛奶）就可以计算出全社会婴儿牛奶的社会标准需求量。

(4) 按需分配的需求量

按需分配的需求量是指根据基本需求按需分配的标准和政策所产生的实际需求量。按需分配的产品都是国家可以满足绝对需求的产品和国家可以满足标准需求的产品。因此，按需分配的需求量包含某些供大于求产品的绝对需求量和某些供不应求的标准需求量。

很多按需分配的产品是可选择的。比如，每个人群都有很多可以免费获得的基本食品供大家选择，有时，某一种基本需求产品的数量可能不能满足基本需求的总量，但多种具有替代关系的基本需求产品的总量却是可以满足基本需求的总量，因此，按需分配的需求总量是可以计算出来并可保障供给的。

2. 基本需求按需分配的需求量的可供性和充足性

（1）基本生活需求按需分配资源的可调性

以前一提到“按需分配”就会引起与“共产主义”相关的两个误区：一是“按需分配”就是指“人们可以随心所欲、想工作就工作、想要什么就有什么”；二是实行“按需分配”的社会前提是“大家必须要有很高的思想觉悟、并且社会的供给必须非常丰富”。

实际上，上述的无条件的“按需分配”的确是不可能实现的。数控经济学的“基本需求按需分配原则”是有条件的，这个条件是基本需求的标准是与当时的生产力的水平要挂钩的：在社会的生产力水平很低的时代，其社会的基本需求的标准就可以定得很低；在社会的生产力水平很高的时代，其社会的基本需求的标准就可以定得很高。即，基本生活需求资源的范围是具有可调性，人们可以通过调整基本生活需求资源的供给范围使社会保障基本生活需求按需分配所需资源具有可供性，从而使基本需求按需分配原则具有可行性。

（2）国家可优先安排基本生活需求品的生产和供给

国有制经济体国家也可以通过调整最终产品的生产方案优先安排基本生活需求资源的生产，以保证基本需求按需分配所需的资源的充足性。即，国家可以通过调整生产供给方案，以满足某些基本生活消费品的绝对需求。

国有制经济体决不允许在还有某些人吃不饱、穿不暖、无房住的情况下进行奢侈消费品的生产和供给。因此，基本需求按需分配能否实现与国家生产力水平的高低、产品的丰富程度、人们的思想觉悟高低并没有直接的关系，而是与该国的经济政策和民主制度的完善程度相关。

3. 基本需求按需求分配具有合理性和可接受性

从基本需求按需分配的必要性，可以看到基本需求按需分配的合理性和可接受性，说明基本需求按需分配原则是可以得到大多数人民的支持和拥护，这也为基本需求按需分配原则的实施提供了可性行。

4. 科学民主制度可保障基本需求按需分配的可实施性

基本需求按需分配是人类最高级的经济分配制度，因此它也需要最高级的社会管理制度——科学民主制度的配合才可能实现。

基本需求按需分配的实现涉及一系列复杂的操作，需要一套高级、复杂、细致的科学的管理机制才可以实施，低级或中级民主制度都无法保证基本需求按需分配能够正常的实施，只有在科学民主管理制度下，基本需求按需分配才具有可行性。

5. 基本需求按需分配已在某些经济比较发达的国家出现了萌芽

在很久以前，在很多经济比较发达的国家里（尤其在一些北欧福利国家），已经建立了一套保障基本生活需求的社会保障制度，虽然这些社会福利保障制度还有很多缺陷，与基本需求按需分配原则还有很大的距离，但也能够说明基本社会保障制度具有可行性，深受人们的支持。

第三节 高级需求按劳分配的必要性和可行性

一、高级需求按劳分配的必要性

1. 高级需求的短缺性

基本生活消费品是无需自己努力都可以获得的，同一地区生理特征相同的人都可以免费获得相同的基本生活需求品，国家对基本需求品的供给具有相对的充足性，而高级生活消费品的供给却是相对短缺的，其供给能力只能满足那些对社会劳动贡献较大的、消费权力比较大的部分人群。

与基本生活消费品不同的是，非基本生活需求品必须是通过自己一定的努力才可以得到的。

不论社会的生产力水平有多高、社会产品有多么的丰富、人类的思想觉悟有多高，高级生活消费品的生产资源都无法满足高级生活消费品的按需分配的要求，因为人的需求欲望是无止境的，高级需求品的总量总是处于绝对的短缺状态。

高级需求品（高级生活消费品）的供给是基本固定的和绝对短缺的，因此，高级生活消费品的分配要根据人们对社会的贡献大小或每个人的工作能力进行分配才有可能使高级需求品的供求维持在相对的、合理的平衡状态。

2. 社会竞争的需求

竞争是社会前进的动力，公平竞争是社会前进的最大动力，公平竞争能够发挥每个人的最大潜力。正是有了高级需求的供给的绝对短缺性，才会产生人们对高级生活消费品的追求，从而产生了对社会贡献大小的竞争。

高级需求按劳分配不仅满足了社会竞争的需求、提高了劳动的积极性、激发了人的潜能、提高劳动效率，也使高级需求品的供求关系保持在一种相对合理的平衡之中。

二、高级需求按劳分配的可行性

1. 国有制为按劳分配提供了公平分配的社会基础

私有制无法向人们提供按劳分配所需要的公平的社会基础，即私有制不可能实现真正的按劳分配，因为在私有制社会里，人们可以合法地实行“按资分配”：有产阶级可以利用自己掌握的生产资源、以前自己的劳动成果、自己前辈的劳动成果坐享别人未来的劳动成果。即有产阶级可以整天吃乐玩乐、睡大觉不必亲自从事任何劳动就可以理直气壮地分享其他人的未来劳动成果。

国有制消灭了私有制的“按资分配”的社会基础，让所有的人只有通过本人的直接社会劳动贡献才可以分配到其相应的高级生活需求。

2. 消费金支付劳动报酬法为按劳分配制度提供了可行的解决方案

（1）货币经济为按劳分配设置了无法逾越的障碍

利用货币媒介的周转带动经济运行发展的社会称为货币经济社会，货币经济社会使资本成为社会生产的必要因素，为资本拥有者利用资本代替劳动、实行按资分配提供了方便条件，为按劳分配设置了巨大的、无法逾越的障碍。

（2）消费金支付劳动报酬法为按劳分配制度提供了可行的解决方案

消费金是个人劳动贡献的凭证，也是个人高级生活消费的权证。消费金支付劳动报酬法可以确保人们只有通过劳动来获得消费金、确保消费金只有在生活消费领域（不在生产领域）使用，使消费金与劳动贡献形成了唯一的对应关系，消费金支付劳动法则为按劳分配制度提供了完美的解决方案，从而确保了“按劳分配”的可行性和可靠性，为真正落实按劳分配制度提供了可行的解决方案。

3. 科学民主管理制度为按劳分配提供了可靠的制度保障

按劳分配制度是国有制经济的一个重要组成部分，而国有制经济有效运行的社会基础是必须具备科学民主管理制度，科学民主管理制度为按劳分配提供了可以稳定运行的社会环境，使按劳分配成为可行。

按劳分配目标的实现需要一整套的完善的民主管理制度的保证，包括如下内容：

（1）完善的劳动贡献考核标准制订机构

（2）专门的独立的劳动贡献考核机构

（3）科学高效的民主考核决策模式

（4）高效、公开、透明、独立的考核纠纷仲裁机构

三、按劳分配标准的调节依据和方式

国家除了要制订按劳分配的标准外，还要及时地对按劳分配的标准进行合理地调节。其调节依据和方式应遵循如下几个原则：

1. 调高不调低

调高不调低原则是指：如果需要对工作岗位的待遇进行调整、对劳动贡献的评定标准进行调整时，尽量不要采取岗位待遇降低的消极方法，而是要采取岗位待遇增加的方式对工作岗位的待遇进行调整，从而体现待遇调整的奖励的积极作用。

比如：某些工作岗位的竞争度比较高，而另外一些工作岗位的竞争度比较低，为了使工作岗位的竞争度大致处于一个比较均衡的区间，可以对工作岗位的按劳分配的标准进行调整（对工作岗位的待遇进行调整）。调

整岗位竞争度的方式有二种：一种是通过提高竞争度低的工作岗位待遇的方式使工作岗位竞争度达到均衡；另一种是通过降低竞争度高的工作岗位待遇的方式使工作岗位竞争度达到均衡。奖励增加原理就是推荐第一种方式（提高工作待遇的方式）对工作岗位待遇进行调整，使岗位竞争度达到一种均衡状态。

2. 根据国家的行业需求

如果国家决定需要加快某个行业的发展，就可以通过提高某个行业中某些岗位的按劳分配的待遇标准，以提高某个行业、某个岗位的竞争度（岗位竞争度是指某个工作岗位的参与竞争上岗的人数与该工作岗位的数量之比）。

3. 竞争度

国家可根据国家发展规划所确定的优先发展的行业的人才短缺情况，设置不同行业的岗位竞争度均衡区，如果国家要加快某个行业的发展时，还可以提高某个行业的竞争度均衡区，这样，当该行业竞争度低于某个均衡区下限时，国家就要及时提高该行业的按劳分配待遇，吸收更多的优秀人才参与到该行业的工作之中，从而使其岗位竞争度回升到所设定的正常范围内，从而可以加速该行业的发展。

第四节　全面社会保障制度

一、什么是全面社会保障制度

全面社会保障制度是指由生产资料国家所有制（国有制）和基本需求按需分配制度的组合。数控经济学提出的基本需求按需分配的原则与国有制经济体系共同构建了一套全面的社会保障制度。

1. 生产资料国家所有制

国有制经济体系不仅是生产资料所有制的一种社会生产形式，实际上还是一套生产资料的社会保障制度，因为国有制是抗御各种灾害对生产资料损失的最好制度。

当国有制的生产资料遭受天灾人祸的损失后，一方面，国家将会动员全国资源和力量来采取补救措施、尽可能地恢复正常的生产经营活动；另一方面，国家将会启动责任监督机制，以查明是否存在人为责任问题，并试图从制度上采取完善措施，以应对今后可能发生的类似的天灾人祸。

因此，国有制不仅是一种经济运行体系，也是世界上资本最雄厚的国家生产保险保障公司，因为它可以动用全社会的资源来应对天灾人祸造成的生产损失。

2. 基本需求按需分配制度

基本需求按分配制度也不仅仅是一种关于生活资源分配的一种社会制度，它还是一种生命保险保障系统，也是国家社会保障制度的重要组成部分。

当生活资料和个人的生命因天灾人祸受到损失和伤害后，因为社会有基本需求按需分配的社会制度，所以也是由国家提供相应的生活与医疗救助，这种以国家资源为后盾的生活与生命保障救助系统是世界上势力最雄厚的人寿生命保险保障公司，不存在任何人因为救助资金不够而放弃生命救助的事件。

二、全面社会保障制度的优越性

1. 最有效的生产保险制度

当单位遭受意外事件打击时，国家有相应的预案并动员国家的资源储备直接弥补损失，可以在最短时间内恢复生产。

2. 最文明的社会保险制度

任何人不再为非己过错、非责任损失而受罚、被迫买单。

3. 最简捷的社会保险制度

当个人或单位遭受意外损失时，无需办理任何商业理赔手续，可以直接得到国家的全面求助。

第五节　现代社会分配制度存在的问题

现代社会分配制度的主要问题是分配不公平，由分配不公导致的利益分配纠纷是阻碍社会快速发展的重要因素。

一、按资分配制度的问题

马克思的《资本论》阐述了剩余价值的产生与发展过程，并揭示了剩余价值（利润）按资分配的不合理性，并认为以私有制为基础的资本主义必然灭亡。

劳动者觉得自己分配所得太少，严重地影响了劳动者的积极性，为了提高工资，劳动者不得不组织起来罢工，与资本家进行争斗，严重地影响了社会的生产效率。由于剩余价值或利润是一个不断变化的变量，这导致了劳资双方产生了永无止境地争斗，并产生大量的劳资纠纷，解决劳资纠纷需要消耗大量的社会资源。如果劳资纠纷解决不好，还会导致罢工或消极怠工等事件的发生，还会直接导致社会整体效率的下降。

按资分配制度是一种只将劳动要素计入生产成本、劳动者不参与利润分配、利润分配只根据除劳动要素以外的其他投资入股因素（资本、技术、土地等）所占据的投资价值的比例进行分配。按资分配制度是一种历史悠久的传统的分配制度，它是以传统的生产资料私有制为基础的分配制度，它的分配形式是一种货币分配形式。该分配制度曾经对私有制经济的发展壮大起到了巨大的促进作用，但该分配制度也具有如下缺陷：

1. 按资分配制度催生了资本投机市场

按资分配制度使社会经济发展产生了对资本的需求，资本比例越多，利润分配比例越大，对资本的筹集需求又不可避免地催生了资本投机市场的产生，从而形成了一个庞大的以资本投机市场为核心的经济体系。该资本投机市场不仅要消耗大量的优质社会资源，还成为了导致社会经济动荡不安的平台。

2. 按资分配制度是天生不公平的经济基础

按资分配是人生而不平等的社会经济基础。出生在拥有大量资产的家庭的婴儿和出生在没有资产的家庭的婴儿，从出生之日起，这两个人就享有不公平的经济基础。虽然有些国家通过法律等政治手段和政府税收、转移支付等经济手段来弥补这种天生不公平现象的扩大，但无法从根本上消除这种不公平的社会现象。

虽然社会提供了很多让无资产者变为有资产者的途径和机会，但并不能消除有产者的后代与无产者的后代之间的天生的在经济地位上的不公平，更不能消除企业因按资分配在有产者和无产者之间产生的内耗，更不能从心底完全调动无产者的工作积极性和责任心。

3. 按资分配不是一种完善的激励机制

导致一个社会在某个时期的生产效率高低的一个重要因素是该时期全体社会成员的工作积极性的高低。而按资分配则不利于调动某个时期的全体人员的工作积极性。按资分配制度实际上是鼓励了社会上的一部分人可以不用工作或劳动、可以依靠前人或以前的劳动积累也可以生活得很好，不仅违背了人类劳动致富、积极向上的道德观，还成为了培养社会寄生虫的土壤，造成了人力资源的浪费，使社会整体生产率下降。

4. 失业

按资分配的社会必然以货币的形式支付劳动报酬，这就必然导致劳动力以货币的形式进入产品的成本，如果社会付出的劳动量越多，社会发放的货币量就越多；货币量发行过多，就会导致通货膨胀，产生经济危机；要避免货币量发行过多就要限制劳动人口的增加或劳动力的价格增加，因此，按资分配产生的货币支付法就有可能带来失业的社会后果。

二、绝对按劳分配制度的问题

绝对按劳分配制度是指不以按需分配为基础的按劳分配制度。按劳分配制度的出发点是为了激发全体社会成员的劳动积极性，以提高社会生产率。绝对按劳分配制度只把劳动要素做为分配的唯一依据，即分配的标准只是根据某个人对社会做出的劳动贡献的大小进行分配。该分配方式有如下问题：

1. 非公平性

没有基本需求按需分配为基础的绝对按劳分配制度的主要问题之一是非公平性的竞争，人们不在同一起跑线上的竞争是一种非公平竞争，非个人主观因素导致的竞争失败使竞争失去了公平性，由意外、天生的因素导致的不公平竞争使绝对按劳分配制度严重挫伤了一部分人的竞争积极性，从而造成强者越强、富者越富，天生的贫富差距拉大。

2. 货币分配

在按劳分配的国有制社会里，货币只应该作为劳动报酬的证明文件，它只应当有一个功能——即购买生活消费品的权证。即，在按劳分配的社会里的“货币”与按资分配的社会里的货币具有本质的区别：按劳分配的“货币”应该没有购买、也没有度量生产资料的功能（因为在按劳分配的国有制社会里，生产资料是根据国家需求进行配置流动的，不是按市场的价值规律而流动的，因此，在按劳分配的社会里，生产资料不具有价值属性）；而在按资分配社会里的货币是可以购买一切产品和资源（包括生产资料、土地）。按劳分配的“货币”使其不具有度量生产资料的属性，这种突变使按劳分配中的“货币”与按资分配中的货币变成了完全不同的两样东西。可是在绝对按劳分配的社会里，人们并没有注意到“货币”的这种突变，仍然借用按资分配社会里的“货币”，试图使这种“货币”发挥与按资分配社会中的货币完全一样的作用，这样就在按劳分配的社会生产中产生了矛盾和混乱：人为的没有价值属性的生产资料的实物供求平衡非要变成有价值产品的价值供求平衡，这两者平衡之间的矛盾让按劳分配的生产管理者无所适从，从而造成经济的混乱。更可笑的是，按劳分配的经济体系仍然采用按资分配的经济核算模式，在没有市场的情况下仍然主观地给所有的产品定价，赋与每种产品以某个价值，把工资成本与其他成本变成统一的货币单位，并追求资金预算的平衡。这样，按劳分配经济模式的管理者把自己也纳入到了资金短缺症的范围内，自己把自己的手脚给束缚住了。

货币本身就是随着按资分配的分配形式一起成长的伴生产物，即货币与按资分配模式是一对同生死的连体双胞胎。按资分配模式的消亡，就意味着货币的消亡。

3. 缺乏一套有效的社会劳动与贡献公正评价体系

由于社会劳动分工千差万别，即使相同的职业也会有贡献大小的不同，因此必须建立一套行之有效的、公正的社会劳动贡献公正评价体系。如果没有这样一套权威而公正评价体系，人们的劳动贡献大小就没有办法界定，按劳分配就会变成一句空话，按劳分配的思想就无法实现。由于没有这样一套权威而公正的评价体系，目前在实行按劳分配的国家里，判定一个人工作好坏、贡献大小的依据主要是领导的意见，领导专制决策评价体系必然会产生不公正的评价，会严重打击人们的劳动积极性，导致社会生产率的下降。

4. 劳动贡献与报酬的标准不完善

目前在按劳分配的社会里，还没有建立一整套劳动贡献大小与劳动分配报酬之间的严格标准。劳动分配标准的缺乏使单位领导人手中握有过大的权力，就会出现领导人随心所欲地进行分配，不仅会出现分配不公的现象，还会有滋生腐败的现象，这种现象同样会严重打击劳动者的工作积极性，降低社会劳动效率。

5. 非道德性

没有基本需求按需分配为基础的按劳分配制度实际上也是一个比较残酷的、非道德的竞争体系，很多人连基本的生存权力都可能会丧失，根本谈不上有道德的公平竞争。

第十一章　预订与租赁消费原理

预订与租赁消费原理是指：国有制经济要建立一整套与国有制经济运行相配套的、以预订与租赁消费为主的生活消费体系，尽可能地减少随意消费和物品产权买断式消费，在不增加消费物品产出的前提下减少生活消费领域内的资源浪费、提高人们的生活水平。

第一节　预订与租赁消费的必要性

一、预订与租赁式消费的概念

在前面的章节介绍中我们已经知道，在国有制经济社会里，为了提高社会的劳动工作效率，每个单位的生产活动都是以生产合同的方式提前确定的，每个单位的工作都必须是井井有绪。生活消费品的供给也是按生产方案提前确定好的，为了对应生活消费品的产出或供给规律，减少生活消费领域的资源浪费、使人们生活的更加稳定有序、提高人们的生活消费质量和生活水平，国有制经济则在生活消费领域，也应采取预订消费和租赁消费的生活模式。

1. 预订消费

预订消费的概念是指：为了提高人类生活消费活动的有序性、稳定性和品质，节约消费资源，要将一切可以提前预订的生活消费活动都应该提前预订；对一些较大的、重要的生活消费活动或有消费时间限制的生活消费活动则要采用强制性提前预订消费的消费模式。

国家要制订相关法律，对提前预约者、守约者给予相应的优惠和奖励，对预订违约者要有惩罚。

预订消费并不等于一定要彻底消灭随意消费，预订消费是以方便人们生活、提高消费品质、节约消费资源为目的。如果某种预订消费造成了资源浪费、增加了生活麻烦、那么就应该取消这些预订消费。对于不会造成资源浪费、不会增加生活麻烦的随意消费则应该予以保留。比如：酒店式的住房、高级餐厅的座位、旅游的名额、表演的门票、享用稀少而贵重的食品等消费行为都需要提前预订消费；而对于外出游玩时想要喝一杯普通的饮料之类的简单生活消费活动则不需要提前预订，应该采取随意消费模式。

预订消费原理具有鼓励预订消费行为的意义，它并非要硬性地消灭随意消费或即兴消费，但可以通过采取价格优惠的方式使人们更倾向于养成预订消费的习惯，使人们的生活消费变得更加井井有绪。因为很多预订消费的资源成本通常是要比即兴消费更低。更高的成本也让随意消费或即兴消费行为付出较高的消费价格。

具体哪些消费行为需要进行提前预订、哪些不需要提前预订则由国家的专门机构根据消费行为是否会造成浪费、是否会增加消费成本、是否给人们的生活带来更多的方便而决定。

不同的消费产品有不同的提前预订期，当某个产品的预订期接近零时，该产品的预订消费就几乎变成了即兴消费。

预订消费可分如下几类：

（1）固定价格的预订消费

在进行预订时便已经知道某种产品的消费价格，其消费价格是国家根据某个消费品的库存率（或某个消费品的预订率）的多少自动上下浮动确定的价格。

（2）有底价竞争预订消费

国家在某个产品的预订时给出最低的起订价，但预订竞争时是否能够预订成功则取决于参与竞争消费的消费者在预订给出的预订价格，国家是依据价格优先和时间优先的原则公布预订是否成功。

（3）无底价竞争预订消费

对于某些产品的销售可以采取无底价竞争预订消费模式，这就意味着国家有可能采取零价格或倒贴的方式进行产品的销售。比如，某些正式比赛的门票销售，由于每一场比赛都是必须要进行的，而有些观赏性不大的比赛就很可能没人愿意花钱去观看，但如果比赛的观众太少就会影响运动员的表演水平的发挥。为了保证比赛有充足的观众人数、激励运动员更好的发挥水平，针对这种比赛的门票就可以采取无底价竞争预订的方式进行销售，由于没有底价的预订竞争，有些人就可能得到免费门票、甚至还有可能得到有消费金奖励的倒贴门票。

由于国家采取了竞争预订消费的模式，国家就可以消灭有大量空座的比赛表演现象，更不会出现场内有大量的空座、场外却有大量因票价高而不能入场观看表演的空座现象。

2. 租赁消费

在数控经济学中，租赁消费是指：除了根据个人生理特征而量身订制的个人耐用消费用品或因卫生原因而不能公用的个人用品外，其他耐用生活消费用品均采用个人租赁服务的消费模式。

不可以租赁消费的个人耐用消费用品（根据个人生理特征而量身订制的个人专用消费品、因卫生原因而不能与人共用的个人用品）通常包括如下：需要经常使用的近视眼镜或隐形眼镜、义齿、牙刷、个人化妆品等只适合个人专用的用品。

租赁消费原理实际上是要将耐用消费品从传统的产权购买消费方式（耐用消费品的产权购买 - 自我服务 - 自己管理 - 资源独享）变成租赁服务消费方式（耐用消费品的产权国有 - 专业租赁服务 - 国家管理 - 资源共享）

租赁消费的宗旨之一是要尽可能地将人们从消费用品产权买断式自助服务变成由专业机构提供的专业化租赁服务，从而提高人们的生活质量和生活水平，提高耐用消费品的利用率，节约消费资源。

租赁消费分为付费租赁和免费租赁。属于个人基本生活需求范围内的租赁服务均为免费，超出个人基本生活需求范围的租赁服务则需要付费。

租赁消费原理的实施必将促进人们生活消费活动的专业化服务的发展。比如：全部交通工具都是国家所有，人们的交通出行可以租赁国家的交通工具或由国家提供方便、快捷、多样化的交通服务；所有的住房都归国家所有，国家提供方便、快捷、多样化、个性化的住房服务；所有耐用服饰用品的所有权归国家所有，国家向个人提供方便、快捷、多样化、个性化的服饰用品租赁、清洗、熨烫、消毒、缝补、设计、异地上门取送货服务；等等。

二、随意与买断式消费的缺陷

1. 随意消费的缺点

（1）生活消费资源的闲忙不均，降低生活消费资源的利用率

人们在随意消费时，由于消费品的供给方与需求方之间没有信息的及时沟通，必然导致生活消费供求之间的不匹配，导致消费资源的浪费。

（2）消费者的生活无序，消费者的时间资源被浪费

有时无计划地等待必然导致大量人力资源的浪费。

2. 买断式消费的缺点

耐用消费品产权买断式消费具有如下缺点：

（1）产权人管理不专业

当某个消费者买断了某个耐用消费品的所有权后，该消费者就变成该耐用消费品的最终管理人和使用者，当一个消费者面对很多种不断更新换代的、越来越专业的消费品时，他就变成了一个彻底的外行管理者和外行使用者。耐用消费品在一个非专业的管理者和使用者手中的命运是可想而知：不仅要消耗使用者和管理者大量的时间，其耐用消费品的使用效果都要大大降低，其错误的使用不仅导致设备的损坏还会导致安全事故，而且，很多耐用消费品只是因为一点点小毛病就被弃之不用，因为消费用品的使用、维修、管理对外行人来说也是一件很麻烦的事。

（2）耐用消费品的委托管理和雇人使用增加了管理层次和社会纠纷

有人买断耐用消费品后，虽然雇请了专业人员使用和管理，但产权所有人仍然要承担监督、管理的责任，这样不仅没有完全摆脱非专业人士的角色，还增加了管理的层次、增加了产生社会矛盾纠纷的领域。

由于耐用消费用品在管理、维护、保养、使用中存在着各种问题和麻烦，现在，在各家各户都有很多只有一点毛病、甚至没有一点问题而弃之在旁也不用的消费用品。

（3）耐用消费品的利用率太低

由于耐用生活消费品的私有权的买断消费模式，目前每家每户、每个单位的消费用品的闲置率都很高，甚至很多耐用消费品在报废时状态都还很好，造成了大量消费资源的闲置浪费。虽然也有一些二手市场进行再利

用，但产权的转移则是增加了一件比较麻烦的、讨价还价的交易过程，如果要进行频繁的产权转移更是令人厌烦而费心的事。

（4）产权所有人操心太多、生活质量低

由于一个人拥有耐用消费品的产权越多，他所操心的事情就越多，从而不得不耗费大量的时间和精力在并不专业的领域，常常使人力不从心，最终影响了人们的生活质量，使生活的质量下降。

为了追求利润最大化，货币生产消费体系采用了“小代差、高频率”的产品更新换代模式，这更增加了耐用消费品产权人的负担和麻烦：由于很多耐用消费品的使用保养者都是非专业操作者，他们在费了很大的劲刚刚了解上一代产品的性能并比较熟练某一代耐用消费品后，社会环境就马上引诱着你去购买新的下一代耐用消费品了，很多老一代产品不是因使用损坏而被淘汰，而是被商家的宣传和忽悠被淘汰的，很多人被频繁更新换代的新产品搞得心力烦燥，人们要操心的事太多，人们的生活质量被大大降低。

数控经济学认为，耐用消费品的发展应采用“大代差、低频率”的产品更新换代模式，以尽量使每个产品的资源利用率达到最大化。

三、租赁与预订式消费的优点

1. 预订式消费的优点

（1）消除供求在时间上的不均衡

通过预订的方式可以提前知道供求关系是否匹配，从而可以提前想办法使供求关系达到平衡匹配。

（2）提高消费产品的质量

预订消费可以使供求关系保持平衡，如果供求关系不平衡、供求关系紧张时，就会“萝卜快了不洗泥”，产品的质量就难以得到保证。因此，当供求关系平衡匹配时，人们就可以更“安心”地工作，产品质量就可以得到保障。

（3）节约时间资源

由于事先预约后，人们可以科学地安排时间，从而可以节约供求双方的宝贵时间资源。

（4）有利于资源的合理调配、节约消费资源

预订消费可以最大限度地提高消费资源的利用率，最大限度地满足社

会的消费需求、使消费资源的供求关系更加匹配。不会出现不平衡、有时空闲、有时拥挤、浪费时间和资源的现象。

服务产品（最终产品）的一个重要性质就是非贮藏性，其服务产品的产出如果不及时消费就会消失、浪费掉了，因此，服务产品是最需要采取预订消费的方式进行消费。

预订消费可以合理地安排使用、配置消费资源，使人们的消费变得更方便、更有序，可以减少盲目消费、无序消费造成的消费资源的空置和浪费，这等于为社会提供了更多的、有效的消费资源及产品。

预订消费是中间环节最少的消费模式，生活消费品从生产单位出来后，可以直接到消费者手中，因此，它减少了其他一切中间环节。

人们从一个生活消费品网络信息发布与查询机构、一个生活消费品展示体验中心便可以了解所有的消费品情况，人们不必再盲目地东跑西颠、挨家挨户地去了解和购买生活消费品，可以减少交通浪费、人力的精力和时间的浪费。

2. 租赁消费的优点

（1）提高了社会资源的利用率和产出率

一个人购买食品的本意是为了食用，如果不买断食品的所有权，那么其食品对某个人就毫无意义，因此，人类对食品的需求是一种对食品所有权的占有需求；而人类对用品的最终需求（特别是对耐用消费品的最终需求）只是对用品所能提供的服务功能的需求，而不是对用品所有权的占有需求，人类对用品所有权的占有只是人类在初级阶段为了获取其服务而采取的一种手段。

人类社会发展的历史就是一个服务产品从无到有、服务产品越来越丰富、服务产品所占比重越来越大的历史。

在社会管理水平低下、社会服务体系缺失的时代，人们是通过占有耐用消费品后，自已利用其耐用消费品对自己提供自助服务；随着社会管理水平的提高、社会服务体系的出现和发展，人们开始利用自己的耐用消费品为他人提供服务，人类进入了耐用消费品家用和公用并存的时代，进入公用的耐用消费品的利用率得到了很大的提高，可是家用的耐用消费品的利用率仍然很低下；随着社会服务体系和社会民主管理体系的逐步完善，越来越多的耐用消费品逐步变成公用，直到所有的耐用消费品的所有权都变为国家所有、国家提供租赁服务消费后，几乎所有的耐用消费品就都变成了公用的了：国家将一部分耐用消费品变成租赁物品供人们自助服务使用；将另外一部分耐用消费品变成了社会专业服务公司的生产资料，由专业服务公司利用耐用消费品为人们提供专业化的相关服务。这样，就可以在不增加耐用用品数量的基础上提高耐用用品的利用率，从而可以提高社会服务产品的产出率，提高了社会资源的利用率，不仅节约了社会资源，还提高了服务的质量和产出率。

在货币经济体系社会里，在耐用生活消费品的产权买卖销售过程中，人们就计算一次产权买卖中的GDP的产出，如果某个人所买的耐用消费品是为了自用，那么，该耐用消费品只是为社会增加了一次的GDP产出；当某人用某个耐用消费品向社会提供消费服务时，社会的GDP数值每年又会增加不少。这就是为什么人类社会越发达，社会服务产品在社会最终产品中的占有率越高的原因之一。

租赁消费可以提高社会的总产出率（服务产出），可最大程度地满足人们的总需求。

（2）有利于社会专业化

租赁消费模式使耐用消费品的产权永久归国家所有，不发生产权的转移，耐用消费品在专门从事生活消费服务的生产单位变成了生产资料，生产资料有专门的机构从事专业的维修保养，社会直接向个人生活消费者提供的最终产品不是耐用消费品而是专业化的服务产品，因此，租赁消费模式有助于社会分工的专业化和细分化的发展，有助于提高社会服务的产品质量。

（3）人类生活得更轻松

在租赁消费模式下，除非自己对某些耐用生活消费品有深厚的兴趣，否则消费者没有必要熟练掌握各种耐用消费品的使用、维修、保养知识，更不必为各种耐用消费品的购买、维修、保养等事项与各行各业的利益单位进行讨价还价、产生各种争端纠纷，更不会出现价格欺诈的问题，因为在数控经济社会里，产品的价格形成机制是透明的，供求双方不存在利益冲突，产品的定价不是为了谋利，而是为了供求的平衡。因此，在数控经济社会里，人们在消费时只需要考虑自己是否喜欢与否、是否有相应的消费能力，其他事情都不需要自己操心了，所以人们都生活得很轻松。

人类发展的一个趋势是服务产品在最终产品中所占有的比重越来越

大，而物品消费种类在最终产品中所占有的比重越来越小。这是因为人们对物品的需求绝大多数只是间接的需求，人们的最终需求大多是服务，租赁消费模式正好满足了人们的这种服务需求。比如，买汽车并不能给人带来任何帮助或满足人们的实际需求，只有汽车提供的运输服务才能给人们提供帮助或满足人们的需求，即人们对车的需求实际上是对运输服务的需求。因此，人类购买的大多数的耐用消费品并不是真正的最终产品，而是中间产品，人们不得不通过自己的劳动或雇用别人的劳动将耐用消费品变成最终所需要的服务产品。

实行租赁消费后，人们购买的消费品都是最终产品，人们不必须再为生产最终产品而操心了，因此，人们生活得更轻松、更幸福。

（4）人们可以享受更多消费品的品种数量

租赁消费模式提高了耐用消费品的周转和流通，可以在不增加耐用消费品的种类和数量的情况下让更多的人们享受更多数量的消费品种，可以使人们的生活更加丰富多彩，提高了人们的生活水平。

比如，人们原来需要自己洗衣、烫衣、补衣，实行租赁消费后，洗衣、烫衣、补衣、送衣、取衣都变成了各种专业化公司的社会服务产品，人们最终得到的是整洁、干净、合身、美观、方便的衣着饰品享受服务。

在实行服装租赁消费前，一个人一辈子所能穿到的服装种类的数量可能平均只有一千种，每个人还要自己辛辛苦苦地清洗服饰；当实行服装租赁消费后，每个人不仅天天可以穿上服装租赁清洗公司送来的干净服装，而且一年可以穿到的新的服装品种数量就有可能达到一千多种。

一个国家的经济发达水平或生活消费水平可以用人均年消费的产品品种的数量来表达。由此可见，在不增加实物产品产出数量的前提下，当一个国家实行了租赁消费模式后，该国的生活消费水平和经济发展水平可以提高一个很大的水平。

（5）便于资源的回收利用和环保

资源回收利用中的最大障碍是废物产权的私有化。因为私有化导致废物回收利用过程中的产权交易的讨价还价，很多人因为厌烦讨价还价、废物的价格被压得太低，宁愿让废物在家闲置也不愿意出售。实行租赁消费模式后，在废品回收利用中不存在经济利益的冲突，国家可以方便根据资源的使用情况制订被淘汰耐用消费品资源的回收标准，可以方便地按照科学标准回收可以再利用的资源，回收者与所有者是同一家的利益共同体，回收者不需要再跟被淘汰耐用消费品的所有人进行协商、讨价还价，消除了因为价格问题导致资源回收领域的最大障碍。

租赁消费模式还有利于社会生活消费品的统一更新换代。统一淘汰生活耐用消费品，可以使拆解、回收某种耐用消费品变成一项规模化、专业化的工作，可以大大提高废旧生活消费品的拆解、回收的工作效率和生产成本，减少社会资源的浪费，还可以减少对社会环境的污染。

由于数控经济学采用了资源成本核算体系，使回收利用废旧产品资源的产品成本可以大大降低，从而使回收废旧产品工作变成了一项值得人们去做的一项工作（因为回收利用所获得的产品的资源成本非常低，而如果采用价值成本核算方法，回收利用废旧产品的成本可能会变得比较高，而不值得人们去做）。

（6）减少大量的社会纠纷

由于耐用消费品的所有权是国家，产品维修部门也归属国家，产品所有者与维修者的目标和利益是完全一致的，耐用消费品的使用者、产权所有者、维修者之间没有产权交易和利益纠纷，互相之间不会产生利益冲突和矛盾，从而可以减少大量因经济利益矛盾引发的社会经济纠纷，从而提高了社会工作效率。

在价值经济社会里，耐用消费品的所有者、使用者、维修者之间的利益是冲突的、对立的，三者之间的利益冲突是产生经济纠纷、导致工作效率低下的主要原因。耐用消费品在维修时，人们常常把大量可以维修的零配件弃之不修，而是用可以赚取更多利润的新零配件更换方法进行维修，这不仅产生大量的经济纠纷，还导致大量的资源浪费。

在数控经济社会里，耐用消费品维修单位的承包考核指标不再是利润，而是维修的工作量、维修资源的消耗量、耐用消费品的完好率、维修质量、维修的时间长短、工作态度与用户的评价意见等具体的工作质量和数量指标，产品使用者与维修者之间不再是对立的关系，不必经过讨价还价的过程，产品维修者与产品使用者的共同目标都只有一个：使产品处于国家标准规定的良好工作状态的前提下，减少维修资源成本的付出。

为了保护耐用消费品，国家法律也对耐用消费品的租赁者和维修保护机构有相应的法律约束，违法者也会受到法律的追求，也会产生相应的法律纠纷，但这样的法律纠纷只涉及到个人的责任义务和责任奖罚，没有利益的驱使，不涉及到单位之间、部门之间的利益冲突，因此，其纠纷要少且简单。

第二节　预订与租赁消费的可行性

一、预订消费的可行性

1. 社会信息化为预订消费提供了方便条件和技术保证

国有制经济体有效运行的前提之一是社会信息化，即公有制经济必须有比较发达的信息网络科技的支持才可以有效地运行，因此，信息网络科技也为预订消费的生活模式提供了方便条件，使预订消费的生活模式的全面实施成为可行。

2. 科学管理制度为预订消费模式提供了安全、可靠的社会环境

国有制经济是必须以经济合同为纽带的经济体系，预订消费行为也属于合同经济在消费领域的一种简易形式，因此，科学管理制度为预订消费的发展与实施提供了极好的平台和安全、稳定、可靠的社会环境。

二、租赁式消费的可行性

1. 国有制为租赁式消费消除了产权障碍

用品租赁消费行为在当今社会已经不是什么新鲜事物，但目前的租赁消费行为在人类生活中的比重还非常低，用品买断式消费占生活总体消费的比重还是很大，阻碍租赁消费行为发展的根源在于耐用生活消费品的产权私有制。

耐用消费品的产权私有制是租赁式消费全面实施的最大阻障。而在国有制经济体的社会中，租赁消费使耐用消费品的产权完全是国有制，耐用消费品变成了生产资料，从而消除了全面租赁消费行为的最大障碍，使全面租赁消费变为可行。

2. 信息化网络科技为租赁式消费提供了方便

租赁式消费不仅是为了节约社会生产资源，同时也要给人们的消费生活带来方便，否则租赁消费行为也难以全面实施，因此，必须要有一套发达的租赁消费服务信息查询及远程异地租赁系统的帮助才可以方便、有效地运行，因此，信息化社会为租赁式消费全面实施提供了方便和可行性。

3. 科学民主管理制度可提供复杂、完善的租赁服务管理平台

租赁消费模式是一种比买断式消费模式复杂很多的高级消费模式，它需要对国有消费资源的有效管理、对消费服务体系的有效管理、对租赁纠纷的有效处理，等等。由于租赁消费模式需要更加复杂、高级的管理体系的帮助才能有效地运行，因此，只有科学民主管理制度才可提供复杂、完善的租赁服务管理平台。

第三节　全国统一的预订与租赁体系的组成

一个全国统一的预订与租赁消费体系必须由如下几个部分组成：

一、方便、快捷、权威、公平的生活消费产品信息发布、查询、预订与租赁消费系统

国家要有一个统一的生活消费产品的信息发布、查询、意见反馈、预订与租赁消费系统，该系统必须具有方便、快捷、权威、公平为特征。

二、生活消费产品实物展示、体验中心

国家将在全国各地按一定人口比例修建生活消费品实物展示与体验中心，方便人们熟悉、了解、使用各种消费产品，为人们进行预订和租赁消费服务提供详细的可靠、直接、真实的感觉信息。

三、物品快速上门传送系统与上门消费服务系统

四、专业化的耐用消费品清洁、维修、保养、使用培训服务系统

五、独立的预订与租赁消费服务监督、考核系统

六、完善的预订与租赁消费立法（标准制订）、消费纠纷仲裁系统

第四节　国有制经济社会的生活消费方式的素描

在数控经济学指导下，在国有制经济社会里，人们将大量的随意式消费转为预订式消费、将用品买断式消费转为用品租赁服务式消费，实现了预订与租赁消费模式，那么生活在这种国有制经济社会里的人们的生活消费方式将会是个什么样子呢？下面就是人们在预订与租赁消费模式下的国有制社会的生活消费方式的素描。

一、生活消费金

在国有制经济社会，每个人从出生之日起便会拥有的一个终身不变的个人身份号码，这个号码与个人消费金档案帐户号、个人社会档案号、个人生理医疗档案号完全相同，并与个人的生理特征信息（个人指纹信息、或个人视网膜信息等个人特征鉴定信息）紧密绑定。

一个人只要输入自己的身份号码或输入自己的指纹信息（或其他个人生理特征信息）就可以进入自己的个人信息档案（个人消费金档案、个人生理医疗档案、个人社会档案）。

个人消费金档案的内容主要包括有：消费金的余额、消费金收支明细账目、消费金收支详细说明。每个人的消费金只有一个来源——劳动报酬（源自国家消劳动贡献评价及消费金发放机构），消费金通常也只有一个出口——高级生活消费的购买，消费金的进出受到国家的严格审查。一个人只要输入自己的个人身份证号码及相关的密码或自己的指纹信息或其他生理特征信息就可与国家的消费金支付系统进行对接、可以方便快捷地进行消费支付。个人之间的消费金赠与行为都要在国家消费金发放机构的信息系统中备案。

个人社会档案包括的主要内容有：个人所受教育、进修、培训、实习的经历、成绩、评价；个人所获得的工作岗位资格等级证书及才艺证书（人力资源的稀缺性系数计算的依据）；个人工作经历与业绩考核评价报告；个人受到的各种奖励与惩罚的情况摘要；个人对社会的贡献评价报告及对社会贡献分的累积表。

个人生理医疗档案的内容包括：血亲父母的生理遗传基本信息、从孕期到目前为止的全部医学生理检查、诊治报告、身体健康体检报告、身体素质检查报告、个人基本生活需求类型鉴定表（由个人生理特征和所在地区特征所决定）。

二、衣

这里的“衣”是指包括衣服、鞋、袜、帽及个人装饰用品等在内的一切非一次性的衣着饰品的总称。一次性衣着饰品或其他一次性用品的消费模式均与食品相同，均采取所有权买断式消费模式。

1. 社会衣柜代替家庭衣柜

在数控经济社会，国家有一整套衣着饰品生产与租赁服务连锁机构向人们提供衣着饰品的需求服务，其提供的服务内容如下：

（1）衣着饰品的线上、线下展示与体验

（2）衣着饰品的供求信息反馈

（3）衣着饰品的预订、租赁、（异地）送取

（4）衣着饰品的设计、生产

（5）衣着饰品的维修、保养、清洗、消毒、熨整

国有制经济社会的衣着饰品服务连锁机构向民众提供方便、周到的服务使“家庭衣柜”失去了存在的意义，除了极少数只能个人专用的衣着饰品外，其他一切衣着饰品均由国家所有、由国家维护保养、个人租赁使用，让全部的社会衣着饰品真正流动起来，从而真正实现了社会衣柜代替家庭衣柜，真正实现了衣着饰品资源的社会共享。

衣着饰品供求信息中心储存着每个人衣着生理信息，保存着适合每个人特点的衣着饰品的数据，为人们的衣着饰品的设计、生产、租赁服务提供了方便条件。每个非一次性衣着饰品都有一个唯一的编码，国家衣着饰品信息中心有每件衣着饰品的静态和动态信息。

社会衣柜代替家庭衣柜不仅可以提高衣着饰品资源的利用率、节约大量的生活资源，还为人们出行、生活提供了方便，提升了人们的生活质量。比如，人们出差或旅游时可以空手出门了，不必费事的带上大包、小包，也不需要担心衣着饰品的丢失，更不需要担心所携带的衣着饰品是否够用，一切穿着饰品的服务需求只需要打个电话或上网就可以解决，你走到哪里，清洁、卫生的穿着饰品就送到哪里，在任何时候打个电话或发个信息就有专门的机构来收回不需要的衣着饰品。人们除了可以享受一次性的衣着饰品外，每天都可以穿着从衣着饰品服务机构送来的经过清洗、消毒、熨烫、修整一新的耐用衣着饰品，全体人类都进入了无须自己洗衣的时代。

（注：此处的“衣柜”的“衣”字是代表全体穿着饰品的简称。）

2. 免费租赁与付费租赁

除了一次性衣着饰品采取买断式消费模式外，其他比较耐用的衣着饰品均采取租赁式消费模式。衣着租赁消费分为免费租赁和付费租赁：

（1）免费租赁

国家对于每个人的基本需求范围之内的衣着饰品的租赁需求都是提供免费服务的。

（2）付费租赁

国家对超出个人基本需求范围之外的穿着饰品的租赁提供付费服务。国家根据租赁用品的新旧程度、租赁时间的长短、租赁品的闲置率（库存率），及时调整和发布租赁消费品的租赁价格，使付费的租赁饰品的供求关系保持平衡。

某种衣着饰品的租赁费用的高低与某种衣着饰品的闲置率（库存率）成反比。国家实行浮动租赁价格：当某个衣着饰品的闲置率比较高时就可以逐步降低其租赁价格，当某个衣着饰品的闲置率过低时就可以逐步升高其租赁价格，从而使某种衣着饰品的闲置率处在比较合适的区间内（国家要根据各个地区的衣着饰品的闲置率及时调整各种租赁产品供给量，尽可能使各地区的租赁价格相同）。当某个衣着饰品的租赁价格低于某个值或等于零时，其衣着饰品的出租率仍然长期低于某个低点时，即当某个租赁的衣着饰品的产品需求强度过低时，国家规划机构就将制订该穿着饰品的租赁服务的产能减少规划或取消该衣着饰品的租赁服务。

用于租赁的衣着饰品的产品信息的介绍除了包括衣着饰品的样式、色彩、材料、尺寸大小外，还应包括产品的新旧程度，以便租赁者在租赁决策时参考，但设计者的名字必须是代码，以防止人们因设计者的名气影响对产品的公正评价（每件设计作品对应一个设计代码，一个设计师有多少个作品就应该有多少个设计代码，只有负责组织考核评价的机构才可以查阅每个设计代码与设计人的对应关系）。

无论是免费租赁还是付费租赁，因个人责任原因导致租赁的衣着饰品的损坏都要受到相应的惩罚，其惩罚可以是消费金罚款，也可以是对责任者的个人租赁权的限制，还有可能是强制义务劳动，等等。

三、食

1. 餐厅饮食

在国有制经济社会，饮食多样化和饮食餐厅化是不可抗拒的主流。国家根据人口的分布和食客的需求，在住宅区、工作区、风景区、交通运输线上，规划建设有大大小小、星罗棋布、档次高低不同、口味各异、适合各种人、方便人们就餐的基本需求餐厅和高级需求餐厅。各种餐厅的地点、风格、档次、菜品种类的规划按产品的需求强度进行规划。

有的餐厅需要预订，有的可以随时就餐（不需要预订）；有的是为满足基本需求而免费的餐厅，有的餐厅是部分免费、部分收费的混合餐厅；有的餐厅是完全需要预订竞争收费的高级、特色餐厅。

2. 自助饮食

国家也会满足一部分人喜欢自己做饭的需求，在有些餐厅可以开辟自助餐饮区，在某些住房配备有专门的厨房及相关用品，人们可以在带厨房的家里自己做饭吃，也可以在集体住房的公共厨房做饭吃，也可以在餐厅的自助餐饮区自己做饭吃，也可以租用国家的厨具在大自然里野餐，等等。

人们也可以在任何场合吃一些自助的速食食品。

3. 食品及饮食服务的创新与规划

任何人都可以提出新产品（包括食品和新的饮食服务）的构想与设计，再由国家专门的机构对拟开发新产品的需求强度进行调研和评价、提出评价报告，再由国家专门的机构对评价报告进行审核并做出是否对某种拟开发的新产品进行开发的决定。一旦决定开发某种新产品，国家就将进行新产品开发研究方案的招投标竞争，中标的新产品开发研究方案将纳入国家的发展规划。

4. 饮食消费的价格

（1）即食性包装食品的价格

非基本需求的即食性包装食品的价格采取根据库存率自动浮动挂牌价格，基本需求食品则采取免费保障供给的方式。

（2）食品材料（食材）的价格

非基本需求食材的价格根据库存率的大小采取自动浮动价格。为了防止食材腐烂造成资源浪费，对于保鲜期时间非常短的定量供给的食材，则采取竞价预订的方式销售。

（3）餐厅食品消费的价格

餐厅食品消费的价格是一种复合计费价格，它是由二个分开计价部分组成：一部分是食材的价格，根据食材的库存率进行浮动标价的产品价格；另一部分是餐厅服务的价格，高级餐厅服务的价格通常都是根据预订竞争确定的订位价格，满足基本需求的普通餐厅的服务价格是免费的。

四、住

1. 住房服务

数控经济学认为，在国有制经济社会，住房属于一种特殊的耐用消费品，理应纳入生产品的范围，即全部住房的产权属于国家，国家不向个人提供住房产品，国家只向个人提供酒店式的住房服务，个人对住房及住房附属用品只有使用权。国家对个人提供各种丰富多彩的住房服务：有单人、双人、多人的住房服务，也有各种住房用品的出租服务，也有专门针对老、弱、病、残、孕等特殊人群的住房服务，有满足基本需求人群的住房服务，也有满足高级需求人群的住房服务，有带厨房、花园的住房，也有只有单个房间的简单住房，有各种风格流派、风景优美、环境优雅的住房，等等，另外，住房内的某些设备、装饰还可以根据自己的爱好进行提前设计、选配。

2. 酒店式住房管理

在国有制经济社会，全部住房均实行酒店化管理，所有的住房服务均有专业人员负责，人们从此告别了自己做家务的时代；原则上，尽可能所有住房服务都需要提前预订；但如果没有提前预订住房服务，则有可能会付出更多的消费金或可能得不到自己理想的住房服务。

3. 住房费用与住房标准

各地非基本需求住房服务的价格是通过预订竞争的方式确定；各地基本需求住房服务的服务标准则是根据基本需求住房的申请数量和基本需求住房的供给量而决定的：当某个地区的基本需求住房的申请量多、而基本需求住房的供给量少时，国家就会降低该地区基本住房的标准；当某个地区的基本需求住房的申请量少、而基本需求住房的供给量多时，国家就会升高该地区基本需求住房的标准。

4. 自由定居

酒店化住房服务和免费提供基本需求住房的方法管理满足了人类自由定居的梦想。人们都可以根据自己基本需求类型、工作的方便、个人的喜好和消费金的多少，自由地选择住居地、住房类型、住房等级，也可以根据自己的条件选配租用住房内的家具、家电、装饰等住房用品。

5. 住房的规划

国家规划部门会根据某个地区的住房价格、住房成本、基本住房标准的高低和各地对基本需求住房的不满意度来测算某个地区的非基本需求住房和基本需求住房的需求强度，制订各地区非基本需求住房和基本需求住房的发展规划，尽可能使全国各地的非基本需求住房的需求强度保持在均衡区内，使各地的基本需求标准都处在大致相同的范围。

五、行

“行”是指人们的出行交通服务。数控经济学理论认为，国有制经济的全部交通工具（包括个人交通工具）的所有权归国家所有，而国家只向全社会提供全面的交通服务（包括个人交通工具的租赁服务）。

国家向社会提供基本的公共交通服务和专门的特殊交通服务，任何个人或单位都可以免费享受国家提供的公共基础交通服务和基本的交通需求。

单位需要额外使用专门的交通工具应该提前制订交通服务使用方案，成为单位承包方案的一部分，并且其额外的专门的交通工具的使用成本属于单位的生产成本，应纳入生产承包竞争方案的指标考核范围之内；在个人基本生活需求范围内的交通服务是由国家免费提供的，个人基本生活需求范围之外的交通服务是要需要通过预订的方式付费的。

六、乐

乐是指精神娱乐产品。包括：线上和线下的精神娱乐产品的欣赏；线上或线下参与互动式娱乐产品；场地表演式娱乐欣赏产品。国家提供的精神娱乐产品包括精神娱乐服务和精神娱乐用品的租赁服务。精神娱乐产品的生产和消费要遵循如下原则：

1. 以基本教育为目的的娱乐产品和属于基本需求范围内的娱乐产品全部实行免费制；

2. 只有一次性产出成本（后续使用成本可以忽略不计）的娱乐产品均实行免费制；

3. 有名额限制的免费娱乐产品实行预订抽签竞争享用制；

4. 有名额限制的非基本需求娱乐产品实行预订竞价收费享用制；

5. 国家根据精神娱乐产品的需求强度和资源成本最小化原理制订精神娱乐产品的产能规划。

6. 国家有专门的标准和独立的体系对每一个精神娱乐产品的好坏及创作者的业绩进行公正、客观的考核和评价。

七、医疗保健

1. 诊疗免费原理

诊疗免费原理又称基本医疗免费原理、基本医疗服务免费原理，它是指国家应该对全体国民提供免费的基本医疗服务，只有高级医疗服务（高级病房服务、高级美容服务等等）是需要个人付费的。

诊疗免费原理指明了医务工作者的劳动报酬不应该来自于伤病患者的诊疗收费，而是来自于国家对医务工作者为社会所做出的劳动贡献进行考核后所发放的消费金。

如果医务工作者劳动报酬来自于伤病患者的诊疗收费，就将医患关系从天使救助弱者的关系变成了在经济上的对立关系，患者成为了医生谋利的对象。医生们要想使自己的生活过得越好，就需要从患者身上榨取更多的钱财。因此，从病人身上收取诊疗费用的医疗制度，导致医务工作者变成了天使与魔鬼的混血儿。

诊疗收费制度是医患矛盾产生的根源。由于医生与患者之间存在着巨大的地位差异，如果没有完善的民主政治管理监督体系对医务工作者进行严格的监督和制约，仅靠医德的自我约束，医患之间的矛盾冲突必将日益激发、流血冲突事件必将层出不穷。

2. 国有制医疗体制简介

（1）医疗机构

国有制医疗服务机构分成三大类：

A. 医疗保健站

国家根据各地区常住人口的数量按比例设置一定数量的医疗保健站。医疗保健站的主要责任是：负责某个地区的疾病预防；常见病、非危重病的常规检查和治疗；某些小型紧急医疗救援工作；签约居民医疗健康档案的保存。医疗保健站的全科医生与当地居民通过双向选择的方式签订医疗保健合同，签约的全科医生是其签约居民的法定医疗保健医生和大病重伤的私人医疗顾问。国家根据医疗保健站签约人数的多少及签约地区的病患特征按统一的标准配备相应数量的医疗保健设施、设备等医疗资源。全国的全科医生按统一的标准进行考核后竞争上岗。因此，全国各地的医疗保健站的医疗硬件和软件水平大致都处在同一个水平，只是各地针对不同的疾病有不同的特色。

国家的“防治一体、以防为主”的政策是通过医疗保健站的作用和全科医生的考核指标得到了完全的体现和落实，因为全科医生一项重要的考核指标就是签约居民的发病率，该指标迫使全科医生的工作重点不得不放在了疾病的预防工作上。

在国有制经济社会里，国家有责任为每个人建立个人医疗保健档案，个人医疗保健档案从父母备孕时就开始建立，一直伴随每个人的终生；个人医疗保健档案的原件保存在个人全科医生所在的医疗保健站内，个人医疗保健档案须定期在国家医疗档案馆进行备案保存；当某人亡故后，其医疗保健档案原件将被移送到国家医疗档案馆，供医疗科研专用。

B. 大型综合医院

国家根据全国各地的人口特征和地区特征设置一定数量的大型综合医院。大型综合医院的主要责任是：负责危重伤病患者的紧急抢救；非疑难病的重症患者的住院常规治疗；大型的、复杂的医疗检查；指导医疗保健站的全科医生对出院患者的后续治疗。

危重伤病患者的治疗实行主治医生团队负责制。由主治医生全权负责某个病案治疗团队的组建和全程治疗，国家有专门、独立的医疗管理机构对主治医生的治疗过程进行全程监督和记录。

患者的主治医生通过诊疗方案择优竞争上岗的方法决定：当某个病人的初检结果出来后，由具有主治医生资格的医生们各自提出自己的后续诊疗方案和理由，再由医院的一个专家委员会通过背靠背（双盲评价机制）的投票表决方式决定某个患者的主治医生归属。

大型综合医院是标准化、规范化的伤病治疗机构，除了因地区性疾病特点导致大型综合医院的专业科室的设置略有不同外，全国所有的大型综合医院的医疗技术水平都大致相同。

C. 疑难伤病专科研究医院

国家在疑难伤病比较集中的地区建立疑难伤病专科研究医院。疑难伤病专科研究医院负责疑难伤病患者的诊断和治疗的研究，负责将疑难伤病的探索性的研究诊疗转化为标准化的、规范化的常规诊疗，负责编制新的规范化常规诊疗的标准与修改，并负责对大型综合医院的医务工作者进行新的常规疾病诊疗培训。

疑难病的诊疗实行研究项目的招标制。有资格的疑难病研究治疗工作者可以组织自己的研究团队通过制订疑难病诊疗研究方案参加国家组织的疑难病诊疗项目的招、投标工作，国家有专门的专家委员会负责对疑难病诊疗研究方案进行审查、质询、评价，评选出最优秀的疑难病研究方案做为国家的疑难病研究方案的实施方案，国家将与获选研究方案的工作团队的主要负责人签订研究工作合同。

（2）医疗监管机构

国家有专门的独立的医疗服务监督管理机构，负责医疗方案的招投标、医务工作者的竞争上岗招聘任命和免职、医务工作的监督、医务工作者劳动贡献的考核、医疗事务的纠纷仲裁。

民主决策是医疗监管的核心。要实行多重、透明的民主医疗监管制度，专业的医疗监管人员要对每一位医生的医疗措施是否恰当、是否正确进行检查并记录备案；一旦出现医疗事故，医疗监管人员要承担更重的责任；医疗监管人员应采取定期轮换的工作方式，禁止在一个地方工作太久。

要建立高效率的专业的医疗法庭来解决医疗纠纷。由具有医疗专业知识和法律专业知识的复合型人才担任医疗仲裁法庭陪审员，每个法庭陪审团的组成人员是由在医疗法庭陪审员人才库中随机抽取。

（3）医疗服务后勤保障机构

医疗服务后勤保障系统是国家后勤保障中间产品生产系统的一部分，与国家医疗服务系统是相对独立的。竞争上岗成功的医务工作者在正式上岗工作前必须根据其获得批准的工作方案内容与医疗服务后勤保障机构签订详细、具体的后勤保障工作合同，医疗服务后勤保障机构依据双方签订的工作合同提供医疗保障后勤服务。

3. 医务工作者劳动报酬与主要考核指标

（1）医务工作者的劳动报酬

医务工作者的劳动报酬取决于对社会所做出的劳动贡献大小。国家考核机构根据医务工作者所完成的工作数量、工作质量、工作的难度系数、工作岗位的竞争度进行考核后按国家标准决定医务工作者对社会的劳动贡献大小，并由国家消费金发放机构根据劳动贡献的大小发放相应数量的消费金给其个人消费金帐户上。

（2）医疗保健全科医生的主要考核指标

医疗保健全科医生的主要考核指标是：医疗保健签约居民的人数、签约居民的发病率、签约居民的健康指数（国家每年不定期抽查体验后获得的身体健康指标的综合指数）、诊疗措施正确率、签约居民满意度、签约居民人均医疗资源成本，等等。

（3）综合医院主治医生的主要考核指标

接诊患者的数量；接诊患者的诊疗难度系数（由一个专家委员会通过投票表决的方式对每个人患者的伤病情况的治疗难度系数进行评价）；诊疗方案的实际效果和诊疗方案正确性的实际评价；患者或患者的医疗顾问对主治医生的满意度评价；等等。

综合医院主治医生工作团队中的每个专业医生的考核指标都由各个专

业委员会制订并由另一专业委员会进行考核评价。

通常考核委员会的委员们并不与被考核对象进行直接的面对面的考核，而是由医疗监督机构的工作人员收集整理相关资料并进行质询解释，只有考核者产生疑问时、或被考核者申诉时，考核委员会才可以直接询问被考核者，但询问的过程也是采取隐身方式的书面问答或通过中间人转述的方式进行问答，以防止考核者与被考核者之间因私人关系而影响考核的公正。

（4）专科研究医生的主要考核指标

专科研究医生的主要考核指标是研究成果的数量和研究成果的重要性。国家专门的科研成果评估机构根据科研成果的突破性大小、影响范围的大小、研究人数的多少、科研难度系数的大小制订出科研成果（或科研进展）的重要性评估标准。

研究进展是指虽然没有取得有定论的科研成果，但是做出了很多根据科研方案所要求做的基础性工作，使研究过程不断地向前推进。

4. 大型综合医院的诊疗基本程序

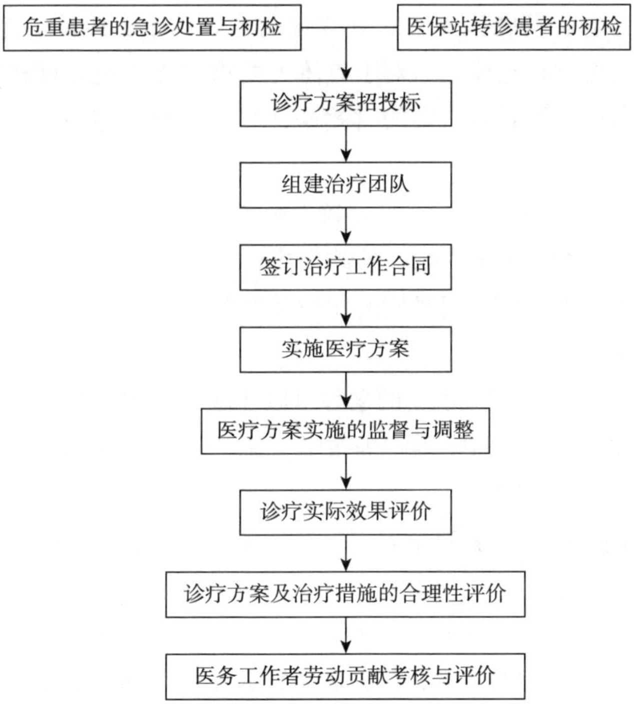

图5　大型综合医院诊序基本程序图

八、教育

1. 国有制经济的教育要实行教育终身制与教育免费制。国家根据相关规定和标准免费发放、租赁使用学习必需的学习用品和易耗材料；学生有义务保管好学习用品和学习材料，不得故意损坏、浪费学习用品和学习材料。

2. 有名额限制的学习岗位实行竞争上学制，无名额限制的学习岗位实行学习备案制；学生可以凭与老师签订的学习协议获得相应的学生待遇，对每完成一个学科学习的学生都要有相应的奖励。

3. 实行“教育、考试、后勤保障三分离”的教育制度。教育部门专门负责教学工作，考试机构专门负责检测学生的知识和能力，后勤保障部门与教育部门签订提供教育设施、设备、教育用品的租赁使用、维修、保养服务合同。

4. 要遵循“以考促教”的原则：要通过建立科学的、权威的考试体系、科学的考试方法、考试内容，通过考试成绩来检测教学业绩和教学水平、促进教育事业发展；要建立日常化的考试体系，废除一考定终生的、具有偶然性的考试检查模式；对于有体力要求和知识更新度较快的科目考试成绩，其考试成绩具有一定的时效性，当考试时间超过一定时间后，其考试成绩就要作废。

5. 要采取师生双向选择、签订教学协议的教学模式；教师工作的考核指标主要是：签约学生的人数、签约学生的考试成绩和签约学生未来的工作业绩；只有获得国家专门机构的相应的教学资格的老师才可以公开、正式地招生授学。

6. 获得一定数量签约学生的老师可以凭教学协议向教学后勤机构申请教学设施、教学用具、教学器材等教学资源的租赁和使用，并签订相关教学资源的租赁使用合同。

7. 国家制订统一的教育学习水平考试标准，只有各科成绩都达到国家教育学习水平标准以上的学生才能获得国家授予的相应的学习合格证书。获得某个学习等级证书的学生可以获得相应的学习奖励。

8. 对于高等教育的学习，应采取“以研促学”机制，老师要让同学们通过对研究课题的探讨来引导学生对基础知识的学习兴趣，让兴趣引导学生们主动学习。

9. 国家要有专门的教育民主监管与仲裁系统，依法对教学的全过程进行监督、管理，由专门的教育法庭负责仲裁处理教育纠纷事件。

九、竞技体育

竞技体育是一项兼顾人类挑战自我能力极限和表演的精神产品，是一项值得人类发展、有益身心健康的活动。

1. 竞技体育运动不论是个人运动项目还是集体运动项目，都是以有资质的主教练为核心的体育竞技团队（运动队）之间的竞争与表演。

2. 体育竞技团队实行主教练负责制，体育竞技团队主要由主教练、运动员及其他与运动相关的辅助人员组成。

3. 主教练的级别决定着某个运动队的级别，主教练的级别由国家人事任免考核机构根据主教练的知识水平、工作业绩（主要是运动队的比赛成绩、等级分）定期进行评价后确定，并根据等级分实行升降级制，每个运动员的成绩不仅影响现役主教练的考核成绩，也影响该运动员曾经的主教练的考核成绩。

4. 某项体育运动的主教练（职业运动队）的名额数量多少代表着该项体育运动的产能大小，高等级的主教练名额与低等级主教练的名额之间的比例关系是一种金字塔形结构的关系；某项体育运动产品的产能大小等于该项运动的爱好者人数或该项运动的粉丝数量。某项体育运动的产能增减规划由国家规划部门根据该项运动的社会需求强度决定；某项体育运动产品的社会需求强度等于该项运动的爱好者数量与该项运动的主教练之比；国家对每项新的体育运动项目的宣传介绍要保持公平、客观的态度，对每项新的体育运动都要公平地给予扶持、发展，让各种体育运动在公平竞争中自然发展；国家规划部门根据民意调查结果公布每年支持发展的新体育项目的名单，并根据每项体育运动的需求强度决定每年运动队（或主教练）的名额数量的增减。

5. 主教练负责组建运动队，负责招收运动员、招聘运动队的其他辅助人员，并与运动员和运动队辅助人员签订工作合同，负责与体育后勤供给部门签订体育设施、体育用品的租赁服务供给与体育用品供给使用合同，负责运动队的训练与比赛指导。

6. 运动员凭其比赛成绩获得相应的等级分并享受相应的基本工作待遇、基本生活待遇及奖金。其他运动辅助人员根据其所在运动队的级别和运动员的比赛成绩享受相应的待遇。

7. 国家规定了不同级别、不同项目的运动队的人员编制标准和体育设施、体育用品供给标准，但主教练在国家供给标准范围内有一定的调整和选择权力。

8. 不同等级的主教练（运动队）可以享受不同的训练待遇。每个运动队的工作待遇（训练设施、用品的供给条件和使用时间的权利）根据该运动队的级别和国家标准而定；每个获得国家批准、备案的运动队可以在其对应的国家标准范围内免费租赁、使用体育设施和体育用品，其具体使用时间、使用数量和需求内容由各运动队与国家体育设施用品供给部门签订使用供给合同；当各运动队在同时预订使用时间发生冲突时，高级别的运动队享有使用优先权，同级别的运动队则根据预订时间为先的原则或抽签决定的方式决定使用权；

9. 运动队可以分为业余的和职业的，还可以分为长期的和临时的。长期性的专业或业余的运动队根据比赛成绩分为高低不同的等级队，不同等级的运动队具有不同的工作待遇和不同的基本生活待遇；临时性运动队在使用运动设施和运动用品时的使用权力较低，他们只能在长期队预订后剩余的体育资源内签订体育设施和用品的租赁协议。但一旦业余队或临时队与体育后勤部门签订了租赁使用合同后，则依法享有法定的使用权，其他专业队也无法使用。体育设施和体育用品的租赁均为免费。但租赁者必须根据租赁合同的相关内容使用和保护好体育设施和体育用品，因为失责而导致体育设施和体育用品的损失将要受到相应的惩罚。

十、文学艺术

1. 文学艺术创作实行等级分排名制，文学艺术家将根据等级分的高低分为不同的等级；某种文学艺术的各等级的作家名额和总额由国家规划部门根据该艺术爱好者的人数或该艺术的纷丝人数按比例进行确定；每位文学艺术作家的工作待遇和生活待遇与其等级分的高低直接挂钩；同等级的不同种类的艺术家的基本待遇相同。

2. 国家有专门的民主决策评价机构负责组织专家和普通观众采取盲评的方式对每个正式发表、公开展出的艺术作品进行定期的评价、打分、排位，每个文艺作品的等级分根据每期评价的排位高低而定。比如：某个年度共有1000件雕塑正式展出，国家雕塑艺术作品评价机构组织观众和专家对全部1000件雕塑进行盲评、打分，然后根据得分高低进行排位，排位越高的作品获得的等级分就越多；国家还可以每五年或每十年组织一次优秀作品评价活动，对每年入选前10位的优秀作品再次进行比较评价、打分、排位，每个作品根据排位的高低也可以获得相应的等级分。

3. 文学艺术作品的宣传介绍内容由国家专门机构按统一的标准制作，且按国家统一的渠道进行作品的宣传介绍，创作者的名字以代号表示、隐出真实姓名，以保证文学艺术作品的公平竞争。除非作者发表声明表示某个作品不再参加今后的评价排位竞争，否则国家的信息发布系统不能公开某个作品的作者名字。

4. 文学艺术的专业学习实行导师制，学生和导师要签订正式的学习指导协议，学生当前的和未来的创作成绩与导师的业绩（等级分）和待遇直接挂钩。每个导师所带的学生数量是有限额的，其最大限额与近期所带学生的业绩密切相关：学生的业绩好，其所带学生的限额数量就大；学生的业绩差，其所带学生的限额数量就小。某个艺术专业的导师总量和学生总量与该艺术的爱好者或粉丝的总量成正比。

5. 文学艺术家的创作环境和工作条件与其文艺创作者的等级高低相匹配，可按其相应的标准向国家专门的创作设施管理机构进行申请租赁并签订相应的创作设施及创作用品的使用协议。

十一、影视文学

影视文学作品的创作生产可以通过如下创作与考核程序加以简要说明：

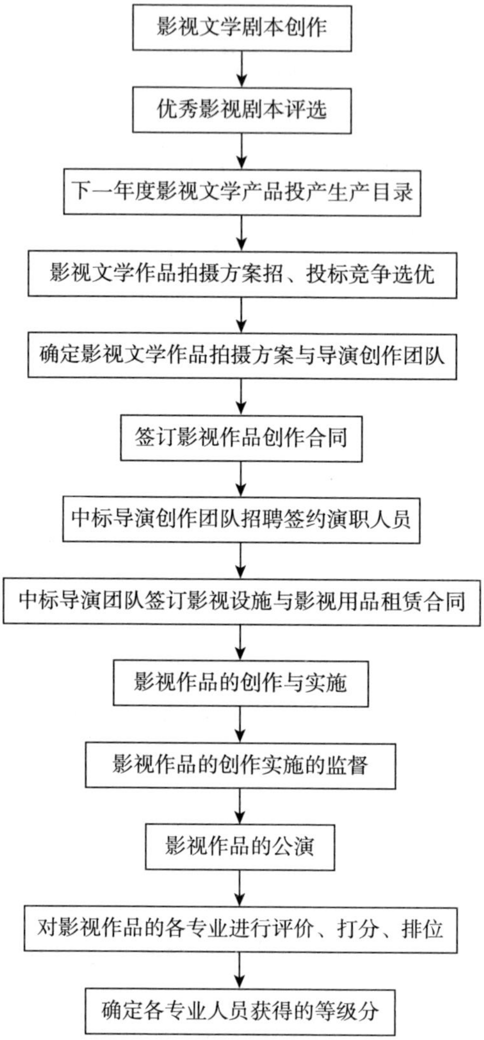

图 6　影视文学作品的创作生产程序

第十二章　理论科技研究充分就业原理

理论科技研究充分就业原理是指：在消费金付酬原理的协助下，国有制经济要把人类从一切非创造性的工作岗位中解放出来，把理论科技研究领域变成可提供无穷工作岗位的工作岗位资源库和可向其他工作领域提供优秀人才的人力资源储备库，使国有制经济变成一个以理论科技研究为经济发展主动力的充分就业型的经济发展模式。

理论科研工作是最能发挥人类特长的工作，理论科研可为人类提供无穷的工作岗位，理论科研工作者很容易转岗从事其他岗位的工作，探求科学的奥秘将成为人类主要的精神追求，理论科研是科技发展的关健和国有制经济发展的主动力。

第一节　理论科技研究工作的特点

一、理论科技研究工作的定义

科技是科学与技术的简称。科学是指人类对客观规律的认知，技术是人类解决生产实践中出现问题的技巧。

人类的工作可分为二大类：创造发明性（创新性）工作和非创造发明性（机械性）工作。

科学技术研究工作统称为创造发明性工作。创造发明性工作主要体现在创新二字上。创造发明性工作又可分为二大类工作：理论科技研究工作和实践科技研究工作。理论科研是理论科学技术研究的简称。

简单地说，理论科技研究工作就是指主要用人类大脑进行创新性工作的工作。复杂一点来说，理论科技研究工作是指仅需要人的大脑和基础公共信息服务、不需要专门的生产品资源就可以从事科技创新的工作。理论科技研究工作通常是负责提出新理论、新创意、新思想、新设计、新法案、新程序、新方案、新方法等创造性的工作，比如，像爱因斯坦、霍金、马克思等人所从事的工作。

实践科技研究工作是指不仅需要人的大脑、基础公共信息服务，还需要有与工作相关的生产品资源（比如专门的工作场地、生产工具、设施、实验室、检测室等）才可以从事科技创新活动的工作。比如在科技活动中的新产品的实验操作、数据观测与采集、与实物相关的新设计、各种实（试）验与实践探索、各种文体表演和艺术品的制作等等。

二、理论科研工作的重要性

1. 理论科研工作可使实践科研工作事半功倍

理论科技是实验科技的指路人，一个好的科技理论可使实践科技工作取得事半功倍的效果。一个好的、新理论的产生往往会带动人类生产、实践科技工作取得大面积的突破，可以大大提高社会的工作效率，减少人类资源的浪费。人类 20 世纪在相对论、量子论、基因论、信息论的理论突破，使人类在 20 世纪取得了有目共睹的巨大的实践飞跃。

人类每天都在积累大量的观察数据、实践数据和实践案例，然而却只有极少的数据和案例被极少的理论研究人员进行分析和研究，寻找其中包含的新规律。理论研究工作的进展非常缓慢，这导致了人类的很多工作和研究都是在黑暗中盲目地摸索前进。

人类在理论理论研究领域做的工作越多、研究得越深入、了解得越清晰，人们在实践科技中的工作量就可以减少很多，可以少走很多的弯路。

从哥白尼、牛顿，到爱因斯坦，每一次理论研究的突破都能带来社会实践活动的大发展。

2. 理论科技的研究可以促进经济的发展

科学技术是生产力，而理论科技的研究可以对科技的发展起到事半功倍的效果，理论科研工作的成本非常低，只需要占用人力资源和公共信息资源就可以从事理论科技工作，而理论科技工作又可以加倍推动实践科技工作的进展，因此，对理论科技研究工作的投入可以多倍数地提高社会经济的发展速度。

3. 理论科技知识是其他工作岗位的知识基础

理论科技知识不仅只是理论科技研究工作者必须要掌握的，也是从事其他岗位工作者所必备的知识基础。人们在从事其他岗位工作前，也总是要先学习大量的理论基础知识，理论基础知识的牢固程度往往决定某个人未来工作的成败与好坏。由此可见，理论科技知识的重要性。

4. 理论科技水平是人类科技进步的标志

人类科技水平的进步最终总是要以科技理论水平的突破为标准，而实践科技则是为了验证新的科技理论而服务。

实践科技成果的最终结局都是要上升到理论科技成果，只有理论上的成功才是最终的成功，科技理论上的进步才是人类进步的最终标志。因为科学实验观测的发现都要被科技理论给予清楚的表述，如果说不清楚、也不能自圆其说的糊涂成功并不是成功的最终标志。目前的医学的核心主要是临床医学，所以目前的医学还不能称之为一种完善的科学，因为目前的医学还没有上升到有一套完整理论的水平，与此类似的还有经济学。

人类与动物的根本区别在于人类具备理论学习和研究的能力。人类科技的进步突破都是以理论科技的突破为标志的。

三、理论科研工作的紧迫性

1. 大量数据资料急需人们去分析研究

人类的社会实践和科学实践已经有几千年了，已经积累了大量的观测数据、实验报告、统计资料，急需大量的科研人才进行分析研究，但由于各种原因，目前从事纯理论研究的人员却是凤毛麟角，很多资料除了当时有限的几位科研人员简单分析外，却几乎再没有什么人去触碰它们了。

另外，人类还有大量宝贵的数据资料、文物资料、生物物种正在消失，如果人类不及时进行分析研究，就会失去科学研究的大好时机。

2. 大量研究课题还是无人区

人类目前所涉及的研究领域还很小。自然界还有很多的人迹罕至的研究课题，在科学领域存在着大量无人问津的理论研究空白。尤其是从事理论科技研究的人群更是非常小众化的人群。

3. 科技的发展与失业的增加交织在一起

科技的发展不仅可以使人类享受到科技带来的成果，人类还可以开创一些新的产业、增加一些就业的岗位。然而，科技的发展同时也在打击着另一些旧的产业、消灭了很多的工作岗位。有时，科技发展使岗位增加的数量少于使岗位减少的数量，从而产生了科技发展与失业增加的矛盾。在市场经济社会里，失业的增加会影响人类的消费信心、会成为经济危机的导火索。人类至今还是没有找到一个能够使科技发展与就业增加相辅相成的发展机制。理论科技研究的发展将会改变这种矛盾的现象。

4. 地球人类时刻面临着被毁灭的危险

(1) 地球人类的稀有性

宇宙中适合生命生存的星球本来就很稀少；在适合生命生存的星球中能够进化出高等生物的星球就更少；在有高等生物的星球中能够进化出人类的星球则少之更少；在能够进化出人类的星球中能够进化出具有民主政治制度（具有自我进化功能）的社会的星球则更是少之又少（专制社会制度的社会是一个不能自我优化、是一种停滞不前的社会，如果地球上所有的民主政治社会一旦全部灭亡，那么地球人类社会的优化过程将会停滞不前，地球人类将永远停留在专制社会制度的形态上，地球人类的唯一结局就是等待着被灭亡）。

由此可见，地球人类能够进化到今天（民主社会制度越来越完善的社会）是一个比以往认识到的小概率更小的小概率事件！现在的地球人类是宇宙中多么稀有的产物！这也是为什么地球人类至今还没有找到宇宙同类的原因——因为，在宇宙中能够产生民主政治制度的、可自我进化的人类社会星球实在是太稀少了！以至于它们之间的距离太过遥远，使得这类星球之间难以互相联系。

(2) 地球人类常常面临灭绝的威胁

地球人类至今还没有感觉到所面临的毁灭压力：为了减轻失业的压力，地球人类甚至采取了减少工作时间、轮换上班的工作方式，仿佛人类已经到了可以浪费大量人力资源、可以高枕无忧的时代。事实上，地球人类发展到了今天，地球人类还远远没有到了可以高枕无忧的时候，地球人类还面临着来自地球内外的毁灭威胁：

A. 地球人类面临着自杀的灭绝威胁

由于地球人类还没有一个完善的、绝大多数人类都可以接受的科学的思想理论体系来统一人们的思想、消除人类之间的利益纠纷、化解人类之间的争斗，这很有可能导致人类之间的、可以灭绝人类生存的核战争的爆发，人类现在还生活在核自杀的阴影笼罩之下！因此，人类急需要一种科学的思想理论体系来统一人类的思想、化解人类的分歧、终止核战争的灭绝威胁。

B. 地球人类面临着自然灾难的灭绝威胁

地球人类的敌人不是美国、俄罗斯，也不是日本、中国，而是某个人类还不知晓的正在撞向地球的某个小行星，或是某个人类已经发现、但却无法阻止其撞向地球的某个能够毁灭整个地球高级生物的小行星。

地球上的生物从诞生到现在曾经遭受过多次来自宇宙行星碰撞的大规模的自然灾害，有过多次神秘的物种灭绝事件，而这些大规模神秘灭绝事件的原因我们至今还没有完全搞清，因此，今后大规模生物灭绝事件仍然还是很有可能重演，地球人类很有可能在这种大规模生物灭绝事件中被毁灭！

地球人类必须团结起来，停止内斗，将人类有限的地球资源不要用于相互屠杀的战争机器，而是用于宇宙深空的探索，多发射一些保卫人类的宇宙探测器，因为，地球人类正在与毁灭地球人类的诸多威胁因素进行竞赛，地球人类能否获得竞赛的成功，其理论科研工作起着最关键的重要作用。

当今的人类不仅从事理论科技研究的人口太少，而且，理论科研工作也是人类工作中最薄弱的环节，理论科研工作是事关人类生死攸关的大事。

四、理论科研工作岗位的无限性

理论科研工作和实践科研工作都是无止境的，都可以提供无穷无尽的研究课题来满足人们的工作需求，但实践科研工作只能为人类提供有限的工作岗位，而理论科研工作却可以为人类提供无限的工作岗位。因为：每一个实践科研工作岗位除了需要占用社会公共资源外，还都需要专门占用一定数量的生产资源，而每个国家的生产资源都是有限的，因此，国家能够提供的实践科研工作岗位的数量也是有限的，并不能满足所有人从事实践科研工作岗位的需求，生产资源的有限性导致实践科技研究工作领域只能提供限的工作岗位，无法满足充分就业的社会需求；而理论科研工作岗位不需要额外占用专门的生产资源，它只需要可以满足全体社会成员需求的公共信息系统就可以正常工作，其工作岗位的数量可以不受生产资源有限性的限制，可以满足全社会所有人的工作需求。

五、理论科研工作的包容性强

1. 理论科研工作的门坎低、适应面广

理论科研工作的包容性强是指理论科研工作是一种可以适合很多人群工作的工作，理论科研工作的门坎低、限制条件最少，是包容性最强的工作领域。除了大脑不能正常工作的人群外，其他所有的人群只要通过学习和培训后都可以培养成为理论科技研究工作者，其中包括：非大脑残疾的伤残人群、业余工作人群、兼职工作人群、退休后发挥余热人群、临时待岗人群、怀孕待产人群，等等。

理论科学研究人才的培养几乎只需要消费人力资源成本（理论科技知识的教育与科研方法的培训），不需要要耗费其他成本；理论科研人才培养的门坎最低，只需要一个健康的大脑。

2. 理论科研工作“清高”的假象

为什么“理论科研工作是进入门坎低、最重要的一种社会工作，而现代社会从事理论科研工作的人口却非常地稀少呢”？为什么理论科研工作似乎有点给人“高不可攀”的“清高”的神秘感呢？是不是因为理论研究工作是一项非常复杂、非常困难的工作呢？

答案是：货币劳动报酬支付体系用于支付劳动报酬的资金很有限，而国家用于理论科研工作的资金就更少，所以导致理论科研工作的岗位很少、名额很有限，而想从事理论科研工作的人数相对较多，从而产生了理论科研工作者的“高不可攀”的神秘假象。

目前，理论科技者的劳动报酬主要来源于国家税收或企业家的捐赠支助，从事理论科技的工作岗位非常稀少，能够有幸成为专职的理论科技工作者的人常常都是百里挑一的优胜者。

理论科研人口的稀少也导致了理论科研工作的进展非常缓慢，这又产生了理论科研工作很难取得突破的假象。

3. 从事理论科研工作的必要条件

（1）有一个健康的大脑（其他身体有残疾都可以）；

（2）有一个完善的理论科研的学习、培训、指导、交流、讨论、成果鉴定与奖励机制；

（3）有一个基础公共信息网络服务系统（公共服务的最终产品，不需要专门的生产资源或中间产品）；

（4）有一个有足够支付能力的劳动报酬支付系统；

（5）有一个按需分配基础上的按劳分配制度。

第二节 理论科研充分就业原理的可行性

一、机器取代人类机械性工作岗位是不可逆转的历史趋势

1. 人类最适合从事创造性的工作

人类与其他动物的本质区别在于大脑，大脑的最主要特性就是具有创造发明性，人类可以依靠大脑发现客观世界的运行规律，并且在发现中获得快感，因此，人类是最适合进行创造性的工作；人类对枯燥无味的机械性工作天生就没有兴趣，人类对机械性的工作时间一长就会昏昏欲睡。因此，人类具有厌恶枯燥无味的机械性工作、喜欢发现探索的研究本性。

2. 让人类从事枯燥无味的工作是不道德的、是残忍的

在当今的货币经济社会，有大量的人在生存的压力下和为了金钱而不得不从事一些枯燥无味的机械性的工作；有时，资本家从成本、利润的角度出发故意不使用机器去代替人工从事机械性的工作，这都是货币经济社会对人性的摧残，是很不道德的。

机器代替人类工作导致大量的人口失业，这不是机器的过错，而是货币经济社会的天生的缺陷表现。

3. 资源成本核算原理支持机器代替人工

从资源成本核算原理的角度，机器代替人工从事机械性的工作可以降低资源成本：

（1）机器的机械性劳动效率要比人类高。

（2）人力资源要消耗大量的社会最终产品，机器却只消耗中间产品，

由于中间产品的资源成本通常低于最终产品，因此，机器生产的资源成本通常会更低。

（3）机器工作可以节约人力资源。未来社会将是一个以资源循环利用和绝色能源为主的社会，人力资源将是社会生产的主要成本。而机器代替人类进行生产是降低社会生产成本的主要途径。

4. 机器不是与人类竞争工作岗位、而是解放人类

目前，有很多人都存在着一种误解：认为机器的出现会导致人类就业岗位的减少，会导致失业人口的增加，机器正在与人类竞争工作岗位。这种误解导致很多人对机器取代人类从事机械性的工作并不积极。实际上，机器是在将人类从繁重的、枯燥无味的机械性工作岗位上解放出来，让人类到更适合人类工作的岗位去从事更有意义、更有趣味、更重要的创造性工作。

二、理论科研领域是人类就业工作岗位的资源库，可为社会提供无穷的工作岗位

1. 理论科研领域可提供无穷的工作岗位

（1）理论科研工作有无穷的工作量

（2）理论科研工作不需要占用专门的生产资源

（3）消费金支付法可为无穷的工作岗位提供足够的劳动报酬支付能力

2. 理论科研领域可满足人们不同的爱好兴趣

研究、好奇是人类的本性之一。理论科研问题涉及社会的方方面面，每个人都可以从中找到自己感兴趣的研究课题，从而可以满足人们不同的研究兴趣和爱好；每个人都可以根据自己的条件找到适合自己的研究岗位、发挥自己的研究优势，从而可以避免与别人进行无情的替换式的工作岗位的竞争，使每个人的研究范围既有重叠又各有特色。

3. 理论科研领域可满足人们的就业与社交需求

理论科研领域不仅可以满足人们的就业需求，还可以满足人们的社交需求。因为理论科学研究需要人们经常在一起进行讨论、交流，互相启发、激发灵感。研究课题相近、兴趣相近的研究者们可以组成研究团队、集体攻关。他们时而各自独立研究，时而又聚在一起集体讨论交流、分享

研究感受和心得，互相启发触动灵感，有时又会举行大型讨论会，邀请不同行业的研究者进行研究讨论或共同研究。这使理论科学研究活动变成了互相交流、增进友谊的社交活动，理论科研活动成为了联系大家社交的纽带，使理论科研变成了工作、兴趣、社交于一体的吸引人的综合体。因此，理论科研领域是一个很好的可提供无穷工作岗位的资源库。

三、消费金付酬法为人类劳动提供了充足的支付能力

虽然理论研究工作领域可以为人类提供无穷的工作岗位，但是，社会是否有能力为所有的在岗劳动者支付相应的劳动报酬呢？如果，社会无法为所有在岗劳动者支付同样标准的劳动报酬，那么，即使理论科研工作有多么的重要和有多么的吸引力，仍然还会有很多人不会上岗工作，社会仍然还会有很多的失业者。

幸运的是，消费金付酬法可以为人类提供无穷的支付能力，其无穷的开放式的支付能力，不需要社会为劳动报酬做支出预算，可以随时随地根据人们的劳动贡献支付劳动报酬，不仅可以满足人类充分就业的劳动报酬需求，还可以满足全人类满负荷工作时的劳动报酬支付需求、满足人类无限创造力的社会贡献支付需求。

（满负荷工作是指除必要休养时间之外一个人自愿能做的全部工作，即：一个人除了可以做一些岗位合同规定做的工作外，还可以自愿做一些兼职工作；伤残人员和退休人员可以做一些力所能及的残能工作、余热工作，等等。残能工作是指适合伤残人员的工作；余热工作是指适合退休养老人员的工作；因为工作岗位的有限，当今世界不仅有很多人处于失业的状态，还有很多的人都处在一种非饱和工作的状态中，从而导致大量的人力资源的浪费。）

四、理论科研领域是向其他工作领域提供优秀人才的人力资源储备库

1. 理论科研人才已经具备其他工作领域所需要的理论基础

由于理论科研人才已经具备了其相关领域所需要的理论基础知识，他们具有很大竞争的优势，他们不再需要再进行理论基础知识的学习，只需要进行实践技能的培训就可以很快胜任其他工作领域的工作，从而可以更

快的成为其他领域的优秀人才。

2. 人才转岗位可实现无缝对接

由于理论科研领域涉及到其他工作领域的每个方面，其他工作领域的每项工作都有对应的理论科研工作者，从事某项工作的理论科研人才转岗到相对应的某项实践科学研究工作或实践操作工作，是一种最理想的转岗方式，是一种无缝对接式的转岗方式。

理论科研工作者的工作时间弹性很大，理论科研工作者可以一边从事理论科研工作、一边应聘或参与在其他工作领域的工作。当其他工作领域急需人力资源时，理论科研工作者可以在不间断其理论科研工作的同时，去从事其他工作领域的工作。

3. 理论科研人才了解对应的实践工作岗位的最新状态

由于理论科研工作者了解所属行业的工作最新进展、最新研究成果、最新科技前沿动态，因此，理论科研工作者在转岗后很容易在新的工作岗位做出好的成绩。

4. 理论研究岗位与实践工作岗位的轮换有助于提高相互的工作业绩

理论研究岗位与实践工作岗位的轮换可以开拓视野、提高人材素质，有助于相互的工作业绩的提高，从而可以提高整个社会的工作业绩。

五、理论科技研究是人类未来工作的主业和经济发展的主动力

1. 理论科研可成为人类最好的兴趣和爱好

（1）科学研究充满无穷的奥秘，可永远吸引人们的兴趣

任何非创造性的工作，时间久了就会让人厌倦，无法长久吸引人们的兴趣。虽然通过奖励的方式可以让人们从事某件没有兴趣的工作，但此时人们工作的目的并不是为了兴趣的本身，而是为了金钱奖励。

新的难度、新的奥秘才能激发新的好奇和新的兴趣，无止境的难度和无穷的奥秘才带给人们无穷的兴趣，

科学研究充满了无穷的悬疑，可激发人们挑战的兴趣和斗志，是一种最适合于人类工作。除了科学的无穷奥秘可以激发人类永无休止的探索兴

趣外，其他一切工作的新鲜感和奥秘都很有限，无法激起人们长久的工作兴趣。

（2）理论科学研究的内容广泛，每个人都可以找到自己感兴趣的课题

理论研究工作涉及到方方面面、各行各业，为人们的兴趣提供了丰富的选择范围，从而为人们获得一份有兴趣的工作提供了完全的可能。

2. 理论科研可实现人类的梦想：工作与兴趣的统一

（1）理论科研是人类最重要的工作

（2）理论科研是最有吸引力的工作

（3）有兴趣的工作是最有效率的工作

3. 理论科研可取代消费成为经济发展主动力

（1）消费将不再是经济发展的主动力

在货币经济社会，科技虽然可以增加产品的产量、产品的质量和品种，提高生产效率，是促进经济发展的必要因素，但却不是经济发展的主要动力，因为货币经济发展迟缓的主要原因并不是产品的产量不够、产品的种类太少、质量太差，而是因为所谓的生产“过剩”、“需求不足”等原因造成的。因此，生活消费需求、投资（生产消费需求）、出口是货币经济发展的三大主力，其中，生活消费需求是货币经济发展的最终牵引力。

但是以消费为经济发展主动力的经济发展模式有如下二个主要缺陷（副作用）：

A. 消费对经济发展的促进作用是很有限的

消费是指人们为了满足生理和心理上的需求而购买消费品的一种行为。

消费的增加可以促进经济的发展，相对其他方法是有效的，但消费的这种促进作用是很有限的。因为人们的手中的资金是有限的，敢于大胆消费的资金更是有限的。尤其是为了刺激消费，人们不得不采取借贷消费，从而使货币经济面临着巨大的债务危机。

另外，随着人类科技的发展、社会民主水平的提高、社会生产力的提高，衣食无忧、生活安逸的人类对追求生活消费的兴趣将逐渐淡化，位于需求低层次的生理消费需求对社会发展的驱动力会越来越小，人们更加重

视精神层面上的需求。目前，在一些比较富裕、比较平等的社会里，很多人已经失去了对生理生活追求的太多兴趣，吃好一点、穿坏一点、住舒服一点已经变得并不是非常重要的需求了，这也是导致经济发展的动力日渐减弱的原因。

B. 消费刺激经济导致资源浪费和环境破坏

为了增加消费、刺激人们的购买欲望，获得更多利润，残酷竞争的商家们都不得不采取了“加大产品更新换代频率、减少产品更新换代级差”的商业模式，使大量没有达到使用年限的产品被抛弃、淘汰，从而导致大量的资源被浪费、自然环境破坏，表面上和短期上看经济是增长了许多，但从长远来看，很多的增长都是虚假的，是一种负的增长，是一种欠帐，而欠债是需要还的。以满足消费要求为经济发展动力的货币经济不仅违背了人类勤俭生活的美德，更是自然资源和环境破坏者的帮凶。

鉴于如上所述的消费促进经济发展模式的主要缺陷，必须要有一种全新的、以满足精神需求为主动力的经济发展模式来取代以生活消费需求为主动力的经济发展模式。

（2）国有制可以让科技发展成为促进经济发展的主动力

国有制经济可以完全依靠科技确定产品的需求强度，依靠科技制订经济发展规划和经济方案，依靠科技制订产品的生产工艺与生产方案，依靠科技生产出品种更丰富、数量更多的产品，不必须担心产品是否有剩余、是否有需求，因此，国有制使经济发展变成了一种纯粹的科技问题，人们可以通过追求科技的新发现为乐趣、以追求科技创新来满足人们的精神需求，以追求科技创新来发展经济，这使人类可以通过对科学技术的研究与追求变成了促进经济发展的主动力。

由于理论科技研究在整个科技研究领域的头等重要地位，以及理论科技研究领域能够提供无穷的工作岗位，理论科技研究必将成为未来国有制社会的经济发展的主动力。

六、理论科研让成功之路变成了康庄大道

1. 成功者的定义

成功者不是那些模仿、重复别人工作的人，或是机械地执行别人指令的人，成功者是指那些勇于创新并且做出创新贡献的人，即有创新成就的

人就是成功之人。

2. 理论科研工作为人类开辟了巨大的创新之门

在货币经济社会，科技创新只是极少数人的“特权”。而在非货币化的国有制经济社会里，科技创新成为普通人的正常工作，理论科研工作使人类面临着无穷无尽的科技之迷，为每个想从事科技创新性的人都打开了一扇巨大的方便之门，成为成功之人不再是普通人的白日梦。

3. 消费金付酬法让成功者不再有名额限制

在消费金付酬法实施之前，由于社会对成功者的奖励物（货币）是有限的，导致获得社会承认的成功者的名额是有限制的，人类的成功之路就像是独木桥，只能允许极少数的优秀的好运气的创新者走进成功之门，很多对科技创新做出贡献的科技人材得不到社会的承认和奖励，从而极大地压制了人们从事科技创新的热情；消费金付酬法的实施，使社会对成功者的奖励不再受名额的限制了，国家可以对每一个科研创新成果和社会贡献进行评价，按国家标准进行相应的奖励，从而可以极大地激发人们的科技创新热情，导致科技飞速发展。

第三节　理论科研充分就业原理的配套社会机制

一、科学民主管理制度

1. 科学民主管理制度是科研发展的基础保障，民主思想是科学研究的灵魂。要平等地进行讨论，从制度上保证科学面前人人平等、真理面前人人平等，要经常组织跨行业的科学研讨会、大脑风暴研究会、灵感互相激发创作会。

2. 科学民主管理制度符合人们的心理要求或“以人为本”管理思想，也是管理者所追求的是一种管理艺术，可以促进科技的快速发展。

3. 科学民主管理制度是科学生长的阳光，理论科学研究在科学民主管理制度的阳光照耀下才能健康发展。

4. 科学民主管理制度能够提供科学研究所需要的稳定的社会环境。

二、按需分配基础之上的按劳分配制度

1. 基本需求按需分配制度为理论科技研究工作者提供了基本的生活保证、解除了理论科研工作者的后顾之忧，为所有人做自己喜欢的工作、投身理论科技研究奠定了生活基础。

在现代社会里，有很多的人都对理论科技研究很感兴趣，也有很多的人想从事理论科技的研究，但在现代社会里，目前大部分人是无法依靠理论科技研究工作维持基本的生活，这导致仅凭爱好就从事理论科技研究工作的人存在着巨大的生存风险。人们只有在衣食无忧后才可能专注于自己的兴趣爱好，基本需求按需分配原理让理论科技研究者的兴趣与工作合而为一，可以全身心地投入到自己喜爱的理论科技研究工作之中。

2. 按劳分配制度为理论科技工作者从事理论科技研究注入了强心剂

按劳分配制度是一种科学的激励机制，它可以让理论科技工作者产生更加强劲的工作动力，就像是给理论科研工作者注入了强心剂，令人兴奋，乐此不疲，可以极大地促进理论科研工作的进展。

三、消费金付酬机制

消费金付酬机制可为理论研究工作提供无穷的报酬支付能力。理论科研工作取得巨大的突破和进展具有不可预见的随机性，人们对社会做出巨大贡献也是不可预测的，社会对人类的劳动报酬支付能力也就提出了相应的、同等的要求，只有消费金付酬机制才能满足理论科研工作对社会做出的不可预测的巨大贡献的劳动报酬支付能力。

四、以研促学机制

以研促学机制是指要先激发人们对研究探索的兴趣，当人们对某个研究课题的有了兴趣后，再来通过查资料、补学相关课程知识的方式进行边研究、边学习的一种学习机制。以研促学机制可以提高学习的热情、让人学习有动力，可以使人们理解学习的目的并在兴趣中学习，可以提高学习的效率。

以研促学机制的具体操作方式是：从小就要让青少年对科学谜题感兴趣、鼓励青少年的探索精神，从小立志从事科学研究，树立科学研究的理

想，先参加业余兴趣爱好小组，并通过学习搭建理想与现实的桥梁，让青少年们自觉地、有兴趣地学习广阔的基础知识；当青少年们掌握了广阔的基础知识以后，就会自动对某个研究课题感兴趣，此时再在导师和科研带头人的指导帮助下让学生们学习与研究课题相关的专业基础课和专业课，从事与研究相关的专业学习；以学习为主、以研究为辅的学习结束后，便要加入某个专业的科研兴趣小组，开始了以研究为主、学习为辅的终身制的学研结合的人生。

五、全民终身理论科研机制

人们可以通过如下二种方式实现终身理论科技的研究工作。

1. 业余型或兼职型理论科学研究机制

人们可以从事业余型的理论科技研究，也可以进行兼职型的理论科技研究，不仅可以满足自己的兴趣爱好，还可以获得更加丰厚的消费金收入，丰富自己的人生、实现自己的理想。

2. 余热型理论科学研究机制

对于年龄较大的退休人员或大脑正常的残疾人士来说，通过余热型理论科学研究机制、从事理论科技研究工作是发挥生命余热、继续生命发光的最好方式。

六、科研纠纷仲裁机制

在科研活动中发生纠纷时，如果自行协调无果时，任何人都可以申请与纠纷无利害关系的仲裁机构申请纠纷仲裁。

国家设计纠纷仲裁咨询机构，可以为纠纷当事人提供法律咨询和充当纠纷仲裁的顾问。在民主政治制度国家，没有所谓的单位法人，法人也不能成为纠纷的当事人，参与纠纷的当事人都必须是承担某种责任、义务并享有某种权力的自然人，每个自然人都可以依法起诉某个单位的某个岗位的责任人。

仲裁机构应在规定的时限内做出纠纷仲裁。

解决纠纷是需要付出社会成本的，纠纷仲裁的失败方必须为纠纷仲裁的成本承担责任，受到相应的惩罚。

七、理论科研工作的程序

理论科技研究工作应按如下程序进行：

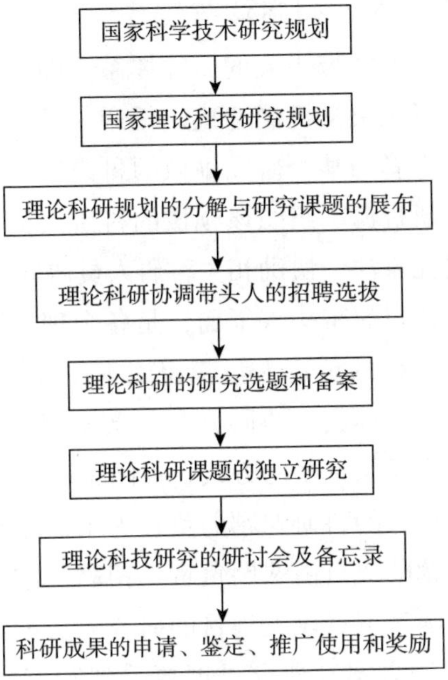

图6　理论科技研究工作程序图

1. 科学技术研究规划

在国家发展规划的指导下建立国家科学技术研究规划，而理论科技研究是国家科技研究规划的一部分，因此，理论科技研究必须建立在国家整体科技研究规划的基础之上。

国家根据各类（种）产品的需求强度，制订国家整体的科技研究规划，以产品的需求强度带动科技的发展。

国家不能仅满足于根据人们的兴趣进行科学研究，对于需求强度很大、需求急迫的理论科研领域，国家要组织攻关招标、出重金悬赏理论科研工作者攻关某些重要的研究课题。在国家研究规划的指导下形成一种“国家重点攻关研究、民间普遍研究开花”的理论科学研究的局面。

2. 理论科研规划的分解与研究课题的展布

理论科技研究规划只是确定了科研的大致方向和研究纲要，在具体的科技研究中需要将科研规划进拓分解、细化，制订一个个由大到小、由浅到深的具体的研究课题，并且以科学文件的形式展示给准备立志进行研究的人员面前，以供相关科研人员进行选题研究。

3. 科研协调带头人的招聘选拔

理论科技研究实行科学带头人的研究体系。即：在每大大小小的科研领域内国家都要通过民主决策机制选拔、任命一至二名经验丰富、知识渊博、有资格的科研工作者为某个研究领域的科研带头人，其主要工作是协调某个研究领域的科研资源、组织该领域的科研人员进行研讨活动、指导科研新手进行科学研究方法、协助相关科研人员协同攻关研究，等等。

在大大小小的理论科研带头人下面，是各个理论研究课题的兴趣研究小组，课题兴趣研究小组的负责人负责组织本研究小组成员的培训学习、讨论研究、交流研究心得体会，协同公关。兴趣研究小组采取自由组合的方式，其组长采取民主投票选举的方式，报国家备案。

对纳入国家重点攻关的科研课题的负责人由国家相关机构进行招标竞争选聘，攻关小组课题的成员由课题负责人招聘。纳入国家重点攻关项目的研究人员与非纳入国家重点攻关项目的研究人员的唯一区别：重点攻关项目的研究人员的研究方案和研究进展要受到国家相关机构的监督和考核，其研究生活待遇要高于非国家重点攻关项目的研究人员。在科研成果的奖励上，重点与非重点攻关的科研人员没有区别，甚至非重点科研人员的奖励还要多一些。

4. 理论科研课题的选题与备案

国家对理论科技研究者的研究选题实行备案制，以便于国家对科研资源的情况进行跟踪、了解，及时进行科研信息的发布、沟通和科研课题的讨论，了解科研的进展和科研的空白点，便于国家及时对科研工作进行指导和对科研资源进行调整。

5. 理论科技研讨会及备忘录

国家要实行研讨会备忘录制。无论是国家的科研带头人组织召开的研讨会还是研究小组召开的研讨会都要有相应的备忘录。研讨会的备忘录可以做为科研成果申报的依据。

国家应经常组织召开各研究领域的或跨研究领域的、大小不一的、专业互渗式的各种科研研讨会，进行互相触动、互相启发式的讨论，这种讨论会有助于科研成果的产生。

6. 科技创新成果的申请、鉴定、推广使用和奖励

科学研究仅凭兴趣是不够的，还需要有相应的、完善的科技成果鉴定及奖励机制。

（1）科技成果的申请与鉴定

A. 国家主动实施科技成果鉴定评价

国家科技成果鉴定评价机构应该主动对公开发表的科技文献、档案、会议备忘录等资料进行主动搜索、进行科技成果的鉴定与评价。

B. 自我申报科技成果的鉴定评价

对于国家没有对某人的科技成果进行鉴定与评价，每个人都可以凭相应的证据、理由向科技成果鉴定评价机构或争议仲裁机构提交申请科技成果鉴定评价的申请或仲裁，科技成果鉴定评价机构和国家仲裁机构必须在规定的时限内给予是否受理或拒绝的理由。

（2）科技成果的推广、使用

国家有专门的机构负责科技成果的宣传、介绍、推广与使用，尽快地将科技成果转化为社会生产力。科技成果的推广使用采取两种方式：无条件使用和有条件使用。

A. 无条件使用科技成果

在一个国家内，任何国人都可以迅速地、无条件地（无偿）使用获得国家鉴定、认可的科技成果（包括理论科技成果），并将其科研成果用于国家的经济发展。

B. 有条件使用科技成果

在国家之外的地区，由国家的专业机构负责代表国家申请科技成果的发明专利，进行科技成果的专利保护、维护国家的经济利益。其他国家的个人和单位要使用本国家的专利则需要根据国际惯例支付相应的专利费用，国家允许进行有条件（或有偿地）的授权使用本国发明的专利。

（3）科技贡献奖励

中国公民在中国国内取得的一切科技成果的所有权都归国家所有，国家对科研成果的社会贡献大小定期进行鉴定、评价及追加评价，对科技成果的贡献者进行相应的奖励和追加奖励。

A. 科技成果鉴定评价标准与科技贡献分评价标准的及时完善机制

国家要有一套科技成果鉴定评价标准与科技贡献分评价标准的及时完善机制，为科技成果鉴定评价和科技成果贡献分的评价提供科学的依据。

B. 及时奖励与定期追加奖励机制

国家不仅要对科技成果进行及时的鉴定、评价和奖励，还要定期对科技成果的后续作用和效果进行鉴定复查，对意义深远、影响广泛、作用重大的科研成果进行追加奖励，对失误的和不负责的评价和鉴定者应进行责任追究。

国家有专门的常设的机构专门负责科研成果的申请、审查与鉴定。科研成果审查鉴定机构接受科研人员的成果审查申请后，应在规定的时间组织相关专家学者进行审查鉴定，并及时将审查鉴定结果进行社会公示（机密性科研成果则采取内部公示的方式），以便其他科研人员及时掌握最新的科研动态。

国家根据科研成果的等级高低对科研人员进行相应的奖励、调整相应的工作和生活待遇。

第十三章　国有制经济宏观运行程序

国有制经济宏观运行程序是国有制经济走向科学化的标志，是国有制经济有效运行的概括，是数控经济学整体思想的精华缩影，也是迅速了解数控经济学的一扇窗口。

一、国有制经济宏观运行程序的重要性

国有制经济宏观运行程序的重要性主要体现在如下几个方面：

1. 国有制经济宏观运行程序是数控经济学的成熟标志

市场经济和计划经济的运行管理都没有走向程序化，目前仍然都处于一种“摸着石头过河”的不成熟状态。数控经济学为国有制经济制订了宏观运行程序，说明数控经济学是一种已经趋于成熟的国有制经济学。

2. 国有制经济宏观运行程序是数控经济学的重要精髓

国有制经济宏观运行程序包含有全部的数控经济学的基本原理，它可以说是数控经济学思想的重要精髓的体现。

3. 国有制经济宏观运行程序是对数控经济学的整体概括

国有制经济宏观运行程序图虽然只有一页纸的篇幅，却对庞大的国有制经济体系的运行进行了全面的概括，同时也是对数控经济学的整体概括。

4. 国有制经济宏观运行程序是对国有制经济进行精确、稳定控制的保证

程序化控制是精确、稳定控制的保证。国有制经济宏观运行程序就是对国有制经济的运行进行精确、稳定控制的保证，是国有制经济有效运行的基础。

5. 国有制经济宏观运行程序是数控经济学科学性的体现

一门操作性的学科只有上升到程序化的水平才是其科学性的真实体现。国有制经济宏观运行程序就数控经济学的科学性的体现。

二、国有制经济宏观运行程序图

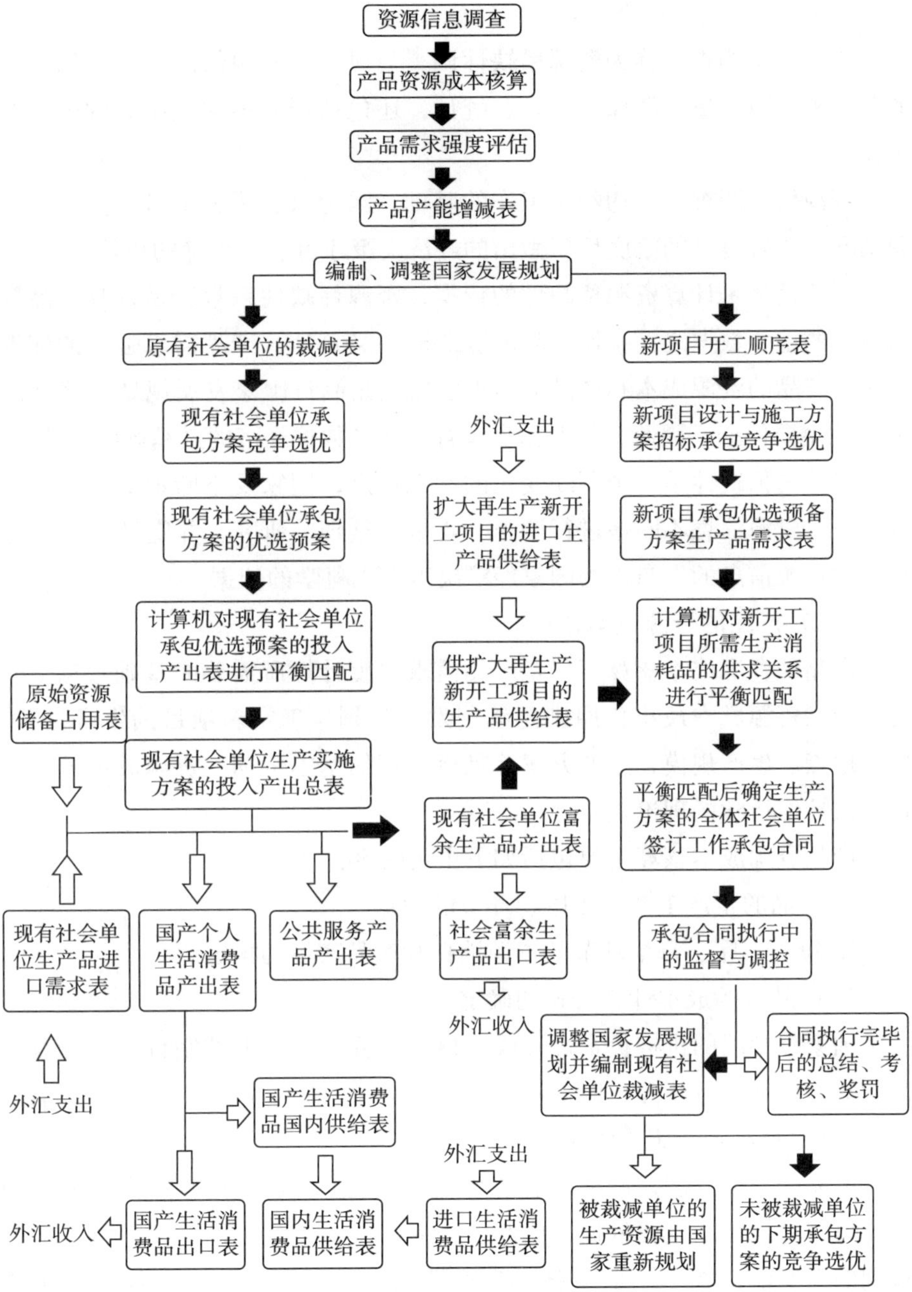

图7　国有制经济宏观运行程序图

三、数控经济宏观运行程序图的简要说明

（一）资源信息调查

资源信息调查又称为资源稀缺性调查与研究，资源信息调查包括资源的分类和资源储量的勘探、调查、统计，还包括资源稀缺性系数的确定等工作。

资源信息调查是一切经济工作的基础。因为只有了解了自己国家的资源情况、了解自己的家底后所做出的经济决策才可能是正确的决策。

资源信息是计算资源稀缺性的依据，资源稀缺性系数又是计算产品资源成本的主要数据之一，而产品的资源成本又是计算产品需求强度的依据之一，产品的资源成本和产品的需求强度则是制订国家发展规划（经济决策）的主要依据，因此，资源信息调查工作是数控经济的最基础的工作。

资源的稀缺性是一个不断变化的动态信息，国家要不断地对资源进行勘查、对资源信息不断地进行调查、收集、整理、研究，并定期统一地进行各种资源信息的发布，为国家经济决策提供科学的依据。

（二）产品的资源成本核算

产品的资源成本核算不仅是产品需求强度计算所需要的基础数据，同时，产品资源成本最小化原则是编制发展规划、确定新项目的生产工艺、生产地点、生产规模、生产方案等是否合理的基本依据。资源成本核算原理是数控经济学的理论核心之一。

产品资源成本核算主要包括如下主要内容：

1. 产品的生产工艺、工序、环节的确定

2. 每个工序、每个环节的资源消耗和产品产量的核定

3. 产品资源成本计算公式的确定

国家有专门的机构负责资源成本核算的程序和标准的制订、负责对产品的资源成本进行核算、监督和评价。

（三）产品需求强度评估

产品的需求强度是产品产能增减规划的依据，也是产品进出口方案和进出口贸易规划的主要依据。因此，产品需求强度是编制、调整国家发展规划的重要依据之一，是回答“生产什么、生产多少”经济问题的主要依据。

对产品需求强度进行实时监控是调整产品进出口方案的依据，也是国家确定消费金汇率的基础。

要根据不同性质的产品建立不同产品需求强度的评估方法。

（四）编制、调整国家发展规划

国家发展规划（或称国家规划）是国家全面发展建设规划的简称，它是根据人类的需求和客观规律而制订的人类未来社会的发展蓝图，它标志着人类对未来发展的掌控能力。

国家发展规划又可以称之为“未来社会的产品产能设计规划”，实际上就是国家的未来的产品产能蓝图，要针对每一个地区的每一种产品（包括处在研发阶段的潜在产品）的未来产能增减方向、增减大小、增减步骤做出具体的规划安排，具体回答未来社会打算要“生产什么”、“生产多少”、“在哪儿生产”及“如何生产”的关键问题。

国家发展规划是由一个个具体的产品产出项目组成，即国家发展规划也可以分解成为一个个有待实现的新的产品产出项目。

国家发展规划编制的主要依据是产品需求强度和产品资源成本最小化原则：国家根据目前每个产品的需求强度的大小确定未来每种产品的产能增减方向和产能增减规模；根据资源成本最小化原则确定新增产能新项目的生产地点、生产工艺、生产规模。

国家通过编制原有社会单位的裁减顺序表和新建单位项目的开工顺序表逐步将国家发展蓝图的各个新项目变成现实、从而引导国家经济的发展。

（五）原有社会单位裁减表

国家规划部门根据产品需求强度的淘汰原则，编制原有社会单位裁减顺序表，逐步关闭产品需求强度低于产品需求强度均衡区下限点的产品生产单位，通过减少某种产品生产单位数量（降低产能）的方式使某种产品的需求强度回归到产品需求强度均衡区下限点之上；生产同一种产品的多家生产单位则首先关闭产品资源成本最高的生产单位；计划关闭或转产的原有社会单位在工作合同到期后将不再签订原有产品的新的生产合同；关闭后的生产单位的生产资源由国家规划部门统一规划利用：或撤销原有单位、或重新规划改造后变成另一个新单位、或签订新的产品生产合同。

原有社会单位裁减表是国家经济发展调节的一个重要手段，主要是通过裁减产能过剩的社会生产单位，调整经济的产业结构和产品结构。

（六）现有社会单位承包方案竞争选优

此处的现有社会单位可分为二种情况：一种是指在数控经济首次启动运行时的全社会的所有的单位；另一种是指在数控经济已经正常运行一段时间后某些单位的工作承包合同即将到期并且没有列入单位裁减表的原有的单位或从建设期合同结束后将转为投产运行期的原有的建设单位。对于前述的第一种情况，由于在数控经济开始启动时，几乎所有现有单位都要集中在某个统一的时段内进行承包方案的竞争选优，所以其承包方案竞争选优的工作量巨大，是社会经济改革最艰苦的困难时期；对于前述的第二种情况，由于各承包单位的承包期的长短有所不同、各单位的建设完工期也不同，承包合同到期和建设完成期的单位比较分散，其承包方案竞争选优的工作量就相对比较小。

有时，一个单位可供选择的工作方案可以有很多种类，因此，可在国家招投标机构的主持管理下，通过竞争选优的方式在每个同类方案中选取一个最可靠、投入产出指标最好的方案做为某类单位承包方案中的优选预备方案输送给国家生产方案平衡匹配部门（如果一个单位有多个种类的承包方案，那么该单位相应的就有多个优选预备方案），由国家平衡匹配部门在多个优先预备生产方案中选取一个平衡匹配度最好的预备方案做为某个单位的承包实施方案。

单位的承包方案的竞争选优工作主要分成二个大的步骤：第一步是将承包方案进行分类：将工作方案类似、主要产出指标相同的承包方案归为一类；第二步是选优：在同类承包方案中选出一个最优的方案做为某类方案中的优选预备方案。

方案选优主要从两个方面进行评价：一是方案的可行性和可靠性评价；二是方案的劳动（工作）效率的高低、资源成本的大小、方案指标的优劣评价。

国家有专门的招标机构负责组织专家们进行民主的科学的公开透明的介绍和辩论会，为了防止先入为主和投标者的个人信息对评价者进行干扰、影响公正评价，尽可能进行采取双盲评价的方式进行评价。比如，在进行介绍提问时可以采取字幕介绍、字幕问答的方式，或通过第三者进行转述，使提问者与被问者互不知对方的真实姓名；投票决策人都是在有决策资格的人才库中随机抽取后任命的。

（七）现有社会单位投入产出表的平衡匹配

国家生产方案平衡匹配部门有一个生产方案投入产出数据自动平衡匹配的计算机系统，该平衡匹配计算机系统与国家各地的生产方案平衡匹配管理机构的计算机信息系统相连接。计算机自动平衡匹配系统可以根据各生产单位的生产方案之间的生产品的供求关系（投入产出表中的生产品供求表）自动计算、判别每一个社会单位在某个时间段内某个生产品的供求关系的匹配情况和社会最终产品的产出状态（产出的时间、数量、地点）。该系统对每个单位提交的优选预备方案中的投入产出表与其社会环境的供求关系（其他社会单位的供求关系）进行平衡匹配，选取一个与社会供求关系的平衡匹配度最高的优先预备方案成为该单位的生产实施方案。

国有制生产方案（经济方案）的平衡匹配可分为几个大的步骤：第一步是现有社会单位的生产关系的供求平衡匹配；第二步是新开工项目单位的生产关系的供求平衡匹配；第三步是国家进出口贸易的平衡匹配（并且，当前二个步的平衡匹配不能保证供求关系的平衡匹配时，国家进出口贸易平衡通常是社会单位生产关系总平衡的最后调节手段，从理论上说，在一个经济开放的社会环境中，无论多么难以平衡匹配的社会生产方案，最后都可以采取进出口贸易的手段使社会生产总方案的生产品供求关系保持平衡匹配）。只有全部环节的平衡匹配都获得通过的优选预备方案才会获得批准实施。

现有社会单位的供求关系的平衡匹配就是指一个社会的简单再生产关系的平衡匹配，只有保证了简单再生产的生产关系的平衡匹配后剩余的生产品才能被用于社会的扩大再生产领域或出口换汇的进出口贸易。

对现有社会单位的生产预选方案之间的供求关系进行平衡匹配有很多方法和手段，通过采取多种方法和手段选择一种最佳的生产预选方案的组合方案使生产关系的平衡达到最佳状态。

调整全社会生产品供求关系的手段有：选择不同的优选预案、增减生产单位、增减新项目单位、进出口贸易、借贷平衡等等。通过上述手段和往复来回的平衡匹配后，总会找到一个使全社会生产关系实现供求平衡的全社会的生产方案。

（八）现有社会单位生产实施方案的投入产出总表

对现有社会单位（即简单再生产单位）的投入产出表的供求关系进行平衡匹配后的结果是可以得出未来各个时间段的现有社会单位的投入产出总表和各个分表：

1. 原始自然资源占用表

原始自然资源储存量表是国家资源调查的结果，原始自然资源通常是指原生的不可再生的天然资源，主要是指原来还没有开采、加工过的化石有机矿藏资源（煤、石油等）和金属及非金属等无机物矿藏资源。原始自然资源占用表显示了一个国家将在某个时间段内所开采、动用的不可再生资源的实际数量。从一个国家的原始自然资源占用表可以看出一个国家的原始自然资源消耗情况和每一种原始自然资源还能使用的年限。

2. 现有社会单位进口生产品需求表

现有社会单位进口生产消耗品需求表就是指现有的各生产单位在平衡匹配后确定的优选预案中（实施方案）选用的需要进口的生产品的汇总表（简单再生产所需要的进口生产品汇总表）。现有社会单位进口生产消耗品是为了弥补国产生产消耗品的产能短缺、完成国家最终产品生产方案和任务的需求。

现有社会单位进口生产品（中间产品）是需要使用外汇支出的。因此，现有社会单位进口生产品的需求表的最终确定常常会受到国家进出口方案的外汇平衡的影响，但这种影响是不太大的，因为国家外汇通常是要优先保证现有单位的正常生产需求的（除非国际市场因某些特殊原因无法满足满足国内需求）。

3. 国产个人生活消费品产出表

国产个人生活消费品产出表是国内生活消费品供给表的主要来源，因为有一部分国产生活消费品供给出口到了国外市场上去了，以换取外汇，所以只有一部分国产生活消费品可供给到了国内生活消费品市场。

国产生活消费品的国内供给表和进口生活消费品供给表（国外生活消费品的进口供给表）共同组成了满足国内生活消费品市场的国内生活消费品供给表。一个国家的生活消费水平的高低是由国内生活消费品供给表所决定的，一旦国内生活消费品供给表确定下来后，一个国家在未来某个时间段的生活供给总量（国家平均生活消费水平高低）就确定下来了，因为，根据完全消费原理和价格平衡原理，所有社会供给社会的生活消费品都必须、并且是不可以浪费地全部消费掉。人们在未来某个时间段的生活水平高低与未来某个时间段国家发放的生活消费金的多少和消费品的价格高低都是无关的。人们生活水平高低在国家制订生产方案时就已经基本确定，与消费品在销售时的价格无关。

4. 公共服务产品产出表

公共服务产品是供全社会免费使用的最终产品，其产品的质量、数量和产出效率是社会制度合理性的重要表现。从公共服务产品的产出表上也可以显示出一个国家的社会发展水平的高低。

5. 现有社会单位富余生产品产出表

现有社会单位富余生产品产出表是指现有社会单位的简单再生产的生产关系平衡匹配后富余的（剩余的）国产的生产品的剩余产出表。现有社会单位富余生产品产出表是一个非常重要的指标，在一个完全封闭的社会里，它是决定国家扩大再生产能力（新项目上马开工数量多少）的唯一指标来源；在一个开放的社会里，它也是国家扩大再生产能力的一个重要的来源，常常是社会新开工项目所需生产品资源的直接供给来源。

现有社会单位富余生产品产出表是由现有社会单位生产品产出表、现有社会单位生产品需求表、现有社会单位生产品进口表三表合并后的产物。即：

现有社会单位富余生产品产出表 = 现有社会单位生产品产出表 - 现有社会单位生产品需求表 + 现有社会单位生产品进口表

现有社会单位富余生产品产出表又可以分为供扩大再生产（新开工项目）的国产生产品供给表和社会富余生产品出口表：

现有社会单位富余生产品产出表 = 供扩大再生产（新开工项目）的国产生产品供给表+ 社会富余生产品出口表。

（九）供扩大再生产（新开工项目）的生产品供给表

供扩大再生产（新开工项目）的生产品供给表是社会扩大再生产（新开工建设）的物质产品基础，只有当供扩大再生产（新开工项目）的生产品供给表与新开工建设项目的生产方案的生产品需求表匹配时，新开工项目的生产方案才有可能得到实施。

供扩大再生产（新开工项目）的生产品供给表有两个来源：供扩大再生产的生产品进口表和供扩大再生产（新开工项目）的国产生产品供给表。二者之间的比例通常与一个国家的经济开放程度和国情相关：如果一个国家的经济越开放，其国产生产品供给表所占的比例就越低；如果一个国家的原始自然资源越丰富，产品生产科技越发达，其国产生产品供给表所占的比例就越高。

在一个经济开放的国有制经济社会，有下列四个等式可以成立：

新开工项目的生产品供给 = 供新开工项目的国产生产品 + 供新开工项目的进口生产品

国产生产品的出口 = 现有单位富余的国产生产品 − 供新开工项目的国产生产品

进口生产品的总量 = 供新开工项目的进口生产品 + 供现有单位的进口生产品

进口生产品的总量 = 国产生产品的出口 + 最终产品的出口 − 最终产品的进口（进、出口外汇平衡的等式）

从上述四个等式中，可以推导出下列的新开工项目的生产品供给等式：

新开工项目的生产品供给 = 现有单位富余的国产生产品 + 最终产品出口 − 最终产品进口 − 供现有单位的进口生产品

新开工项目的生产品供给量是决定新开工项目数量（经济发展速度）的主要参数。从新开工项目的生产品供给量的公式中，我们可以得知新开工项目的生产品供给量是一个很有弹性的量，当现有社会各单位的生产承包方案基本确定后，现有社会单位平衡匹配后富余的国产生产品的数量和现有社会单位所需的进口生产品的数量也基本确定了，确定新开工项目所需的生产品供给量则完全取决于最终产品的进、出口量：要提高新开工项目所需的生产品供给量，就需要增加最终产品的出口量、减少最终产品的进口量；要减少新开工项目所需的生产品供给量，就需要减少最终产品的出口量、增加最终产品的进口量。

新开工项目的生产品供给量的公式是一个非常重要的公式。它表达了一个国家在简单再生产基础上的近期经济发展速度与远期经济发展速度之间的矛盾关系：

当国家需要在近期某个时间段之后提高国家的经济增长速度（远期经济增长速度、单位时间内人均享受到的最终产品的品种数量、产品丰度），就必须在近期某个时间段内增加新开工项目的生产品供给量（增加新开工项目的上马密度、提高新开工项目的资源占有比例、出口更多的最终产品、进口更少的最终产品、减少国内最终产品的供给），从而降低近期某个时间段的经济增长速度（近期经济增长速度、近期产品丰度的增速）；反之，则可以提高近期某个时间段的经济增长速度。

通过新开工项目的生产品供给量的公式，可以看到，通过调整最终产品的进出口值就可以调节经济发展的速度、调节近期与远期经济发展的速度、从而使经济保持匀速发展。

最终产品供给的增速大小可以当成是一种社会福利分红：如果想提高当前一段时期的新开工项目的资源投入比例，就会降低当前这一阶段时期的社会福利分红的水平、但可以增加未来时期的分红水平；反之则相反。

为了让各时期的人们公平地享受到等比例的福利分红，就要进行经济发展速度的压力测试，从而使国家制订出一个稳定的经济发展速度指标，使经济发展的速度保持稳定匀速增长。

（十）新项目开工顺序表

国家根据产品需求强度的大小、产品需求强度的倍率关系、产品资源成本最小原理、产品生产的工艺关系制定国家发展规划：确定每一种最终产品和中间产品的产能增减方向、产品产能的增减倍率；确定每个产能增加新项目的实施地点、工艺方法、生产规模。

再根据国家规划实施的时间先后的逻辑关系、生产工艺（产品的上下游）关系对新项目实施时间的先后进行排序、编制出新项目开竣工顺序表，并通过新项目开竣工顺序表具体落实、实施国家发展规划。

一旦国家确定新项目开竣工顺序表和未来的经济发展速度后，国家就可以确定未来新开工项目的建设密度、并可编制出未来每个新项目实施的时间表。

（十一）新项目设计与施工方案招投标承包竞争选优

国家规划蓝图上的每个新项目在从规划设计转化为项目初步设计、项目施工设计、实施方案的过程中都要遵从招投标竞争、承包方案选优的过程，以保证项目设计和实施方案的质量和效率。要保证每个有资格参与投标竞争的承包人或承包团队享有完全平等的竞争权力。

（十二）新项目承包优选预备方案的生产品需求表

参与竞争后优选出来的新项目承包优选预备方案通常都不止一个，并且每一个优选预备方案都有一个生产品需求表和一个产出指标验收考核表。产出指标的验收考核表的内容应包括环保污染指标、项目进度指标、项目质量指标、工具设备损耗指标，等等。

（十三）对新项目的生产品的供求关系进行平衡匹配

哪一个新项目的优选预备方案可以获批成为新项目的实施方案？在未来某个时间段内究竟有多少个新项目能够开工实施？国家可以从宏观和微观二个方面进行平衡调控：

1. 宏观平衡

供新开工项目的生产品供给表决定了同期可开工新项目的数量和内容。国家规划的新开工项目单位的生产方案对生产品的需求必须与可扩大再生产（新开工项目）的生产品供给在总量上保持平衡。

供新开工项目的生产品的供给量是一个可由最终产品出口量进行调节的，具有很大的可调性，因此，国家必须先确定未来某个时间段的经济发展速度（新开工项目的资源占用比率），再确定供新开工项目的生产品的供给量，从而可以大致预估未来某个时间段的新开工项目的数量和内容，在宏观上使新开工项目的生产品供给与新开工项目对生产品的需求保持平衡。

2. 精确匹配

国家通过经济发展速度的宏观平衡确定了国家大致的新开工项目的数量和规模后，国家就必须对每一个新开工项目的生产方案的生产品的需求进行精确的点到点的供给平衡匹配，即：国家计算机平衡匹配系统对每个新项目的优选预备方案的生产品需求表与新开工项目的生产品供给表进行平衡匹配测试，选取供求关系最匹配的优选预备方案做为新开工项目的实施方案。

对新开工项目的生产方案的生产品供求关系进行精确平衡匹配的手段主要是进出口方案的调整，因为现有社会单位的生产方案的生产品供求关系（简单再生产的生产品供求关系）已经基本确定，国产的剩余的生产品也已经确定，在一个经济开放的社会，如果国产的剩余的生产品不能满足新开工项目对生产品需求，那就只有通过进出口贸易的手段来满足新开工项目对生产品的需求。因此，制订周全、完善的进出口贸易方案就成为了新开工项目生产关系平衡匹配的关键。

（十四）全体社会单位签订工作承包合同

数控经济学认为，国有制经济属于合同经济或协议经济，其工作的每项内容都有其工作合同或法律协议为其依据，一切经济关系、生产关系都是建立在法律合同关系的基础上，如果没有一个坚强、牢固、有力、完善的法制体系为联系纽带和保护，国有制经济是无法有效运行的。一旦某个承包人或某个承包团队提出的优选预备承包方案通过了国家平衡匹配部门的供求关系的平衡匹配测试，就等于国家确定了某个单位的未来某个时期的将要实施的生产承包方案，国家相关机构就要和某个承包人（或承包团队负责人）签订有关投入产出的承包工作合同：国家相关机构必须承诺向单位承包人提供实施方案中一切所要的投入条件，单位承包人承诺向有关部门提供承包方案中的产出内容。国家相关机构通过工作合同将社会各个工作单位连接在一起，从而使全社会的工作单位都通过法律合同关系为纽带组合成一体。

在国家有机构与单位承包人签订工作合同后，单位承包人还要在国家有关机构的监督下通过招聘的方式与单位内部各个工作岗位的工作人员签订工作岗位承包合同。

工作合同是对单位承包人、岗位承包人进行考核、奖罚的主要依据之一。

（十五）承包合同执行过程中的监督与经济调控

承包合同执行过程中的监督是指社会各单位的承包合同生效并开始执行后，国家有专门的机构要对各单位的合同执行情况进行监督，其监督的对象不仅是某个单位生产的承包方，还有为各承包单位提供供给保障的国家管理机构，其主要监督活动是跟踪生产活动、提前发现问题和隐患、收集保存证据、提供预警和建议。

国有制经济要实行多重监督体系，除了有专业的监督机构外，还有相互联系单位之间的相互监督机制、老百姓的举报奖励监督机制、监督限时仲裁机制。

国家监督机构自身受到其他部门的监督和考核，每个人都要受到其他机构的监督，每个监督部门都是独立的，都是依法监督和仲裁。如果国家专业的监督部门没有提前发现问题导致发生了实际问题和损失，或国家专业监督部门没有提前发现问题而是由非专业的监督机构的工作人员或普通百姓先发现了问题而向国家执法机构举报，那么，国家专业考核机构就要首先追究国家监督机构有关人员的失职责任。

承包合同执行过程中的经济调控是指当实际运行时由于某种意外事件原因不得不对原来实施的生产方案和投入产出指标进行及时的修改、且需要对原来的承包合同进行修改，使意外事件造成的连锁反应的损失和影响降低到最小。其主要工作内容包括制订补救方案、采取补救应急措施、协调合同各方制订新的工作方案、签订补充合同。

（十六）合同执行完毕后的总结、考核和奖罚

每个单位的工作方案及合同执行完毕后，国家有专门的独立的考核、评价机构对合同完成情况进行法定的总结，所有相关的工作人员必须写出总结报告、为工作总结备案，总结报告的内容包括：经验、教训及对已经发生的错误的预防措施和建议。国家对各方的总结报告的价值也要进行评价与考核，对有普及推广价值的内容要通报全社会或变成立法草案送立法机构审批，并报有关部门进行奖励，要通过法律补充完善的方法推动社会的进步和发展。

国家考核、评价机构要按照合同内容、国家法律和考核评价标准对每个人的工作表现进行专门的考核评价，给予考核评价意见，记入个人业绩档案。考核工作不仅要考核合同条款的执行情况、还要考核每个工作人员的主动性、积极性和预见性。

国家有专门的奖罚机构根据合同内容、考核意见和劳动报酬奖罚标准对个人的劳动贡献给予相应确认和相应的奖罚。

国家有专门的机构根据考核评价意见和相关标准发放个人生活消费金。

（十七）调整国家发展规划并编制现有社会单位裁减表

国家发展规划是国家经济活动的基本依据，经过一段时期的经济运行后，国家的资源稀缺性、社会对产品的需求强度、社会的科技水平都会发

生较大的变化，国家发展规划也要随之进行调整，只有这样才能保证国家发展规划的科学性和正确性。根据国家定期修改完善的新的发展规划，编制现有社会单位裁减表和新项目实施时间表，一旦某个现有社会单位被纳入了某期的裁减表名单，那么当其工作合同到期后就会从现有社会单位的名录中消失，被裁减单位所占有的生产资源将由国家规划部门重新规划后由社会统一使用。

未被列入裁减表的现有社会单位在现有工作合同期到期前就要开始并确定下个承包期的工作方案的承包竞争选优和下一承包期的合同承包人，以保证每个单位的生产活动的连续和稳定。

后记：本书的不足

虽然本书历经近10年才写成，但严格地来说，本书也只可以称之为一本没有写完的书，其中很多章节都只有目录性的提要，没有进行充分说明和论证，书中的缺陷、缺失和错误定有不少！因为数控经济学是一个庞大的科学体系，绝非某人一己之力能够筑建完成，它需要整个社会的科学精英共同协作才可能完成，本书只是为数控经济学的研究开了一个头、拟出了一个纲要和草案，把自己认为很有价值的思想以纲要的形式出示给大家，希望其中的闪光点能够为人们提供有益的启示，以达到抛砖引玉之目的！